AF568970

ALEXANDRA WAGNER

Das PAAR THERAPIE Workbook für Zuhause

Alle Ratschläge in diesem Buch wurden vom Autor und vom Verlag sorgfältig erwogen und geprüft. Eine Garantie kann dennoch nicht übernommen werden. Eine Haftung des Autors beziehungsweise des Verlags für jegliche Personen-, Sach- und Vermögensschäden ist daher ausgeschlossen.

www.edition-jt.de

Für Fragen und Anregungen:
info@edition-jt.de
Auflage 2024

INHALT

Vorwort

Die Liebe ist wohl eines der stärksten und unter Umständen auch schmerzhaftesten Gefühle, die der Mensch kennt. Dieses Gefühl mit jemandem zu teilen, kann bisher ungeahnte positive Emotionen in Ihnen hervorrufen. Gleichzeitig führt das Gefühl einer enttäuschten Liebe oftmals jedoch auch zu starken negativen Emotionen. Haben wir in der heutigen Zeit, die für viele von uns durch Hektik, Stress und Entscheidungsschwierigkeiten ob der enormen Auswahl an Möglichkeiten im Leben geprägt ist, einmal einen „sicheren Hafen" in einer Beziehung gefunden, möchten wir diesen am liebsten nie wieder verlassen.

Doch in jeder Beziehung gibt es auch Konflikte – egal, wie harmonisch oder intakt die Beziehung grundsätzlich ist, lassen sich gelegentliche Auseinandersetzungen nicht vermeiden. Viele davon lassen sich schnell lösen und belasten die Beziehung nicht grundlegend. Andere jedoch erschüttern das Verhältnis von Ihnen zu Ihrem Partner oder Ihrer Partnerin in ihren Grundfesten. Vertrauensbrüche, schwerwiegende Vorfälle oder auch (scheinbar) unüberbrückbare Differenzen in Fragen der Lebensplanung können eine Beziehung mit einem stabilen Fundament ebenso ins Wanken bringen.

Sollten Sie gerade eine solche Phase durchleben, dann ist dieser Ratgeber genau das Richtige für Sie. In den folgenden Kapiteln gehen wir intensiv auf die Frage ein, wie sich solche Beziehungskonflikte mit einem therapeutischen Ansatz lösen lassen. Zunächst werden wir etwas über die Grundlagen einer Beziehung lernen, anschließend wird es darum gehen, diese Grundlagen zu stärken, unter anderem durch Offenheit, Ehrlichkeit und vor allem durch Kommunikation. Die Bedeutung des aktiven Zuhörens und des Entwickelns von Empathie wird dabei besonders hervorgehoben. Anschließend werden wir gemeinsam erarbeiten, wie mit Vertrauensbrüchen umzugehen und verloren gegangenes Vertrauen in den Partner wieder herstellbar ist. Wir besprechen Konfliktlösungsstrategien und werden auf diese Art und Weise lernen, wie sich Ihre Beziehung wieder stärken lässt. Untermauert werden die Erkenntnisse in diesem Ratgeber von wissenschaftlichen, also auch theoretischen Überlegungen aus Psychologie, Kommunikationswissenschaft oder der Verhaltensforschung. Doch keine Angst – es handelt sich bei diesem Buch nicht um eine theoretische Abhandlung. In jedem Kapitel gibt es zahlreiche Übungen und Anwendungsbeispiele, anhand derer der praktische Nutzen für Ihre individuelle Problematik sichtbar wird. Wichtig ist an dieser Stelle, noch zu erwähnen, dass Sie beide bereit sein müssen, die Notwendigkeit der Beziehungsarbeit anzuerkennen. Nur gemeinsam können Sie an Ihrer Beziehung arbeiten, nur gemeinsam können Sie die in diesem Buch dargestellten Übungen ausführen. Es bedarf für eine effektive Therapieformel immer beider Partner – also nehmen Sie die Beziehungsarbeit als Paar in Angriff.

Auch wenn das Thema an manchen Stellen unangenehm sein kann – lassen Sie es uns an dieser Stelle gemeinsam angehen. Denn Ihre Beziehung ist es wert, dass Sie und Ihr Partner gemeinsam darum kämpfen. Beginnen Sie also mit der Lektüre und setzen Sie Ihre Beziehung wieder auf ein solides, gesundes Fundament.

Viel Erfolg dabei!

Kommunikation stärken

„Ein Vakuum, geschaffen durch fehlende Kommunikation, füllt sich in kürzester Zeit mit falscher Darstellung, Gerüchten, Geschwätz und Gift."
(Cyril Northcote Parkinson, britischer Lyriker)

Ein berühmter Satz des Kommunikationswissenschaftlers Paul Watzlawick lautet: *„Man kann nicht nicht kommunizieren."* Dieser Satz ist so einfach wie wahr, denn sobald zwei Menschen in Form einer sozialen Interaktion aufeinandertreffen, müssen sie in irgendeiner Form miteinander kommunizieren. Dabei kann es sich um verbale Kommunikation (miteinander sprechen) oder auch nonverbale Kommunikation (Körpersprache) handeln. Wenn Sie einem fremden Mann im Zug gegenübersitzen und sie ihm durch Schweigen und Meiden des Blickkontaktes signalisieren, dass Sie nicht mit ihm sprechen möchten, ist dies ebenfalls ein kommunikativer Akt. Unser alltägliches Leben ist also durch Kommunikation bestimmt und somit auch unser Beziehungsleben.

Paul Watzlawick (1921–2007) war ein US-amerikanischer Philosoph und Kommunikationswissenschaftler mit österreichischen Wurzeln. Er wurde in Villach geboren und wuchs in Österreich auf, wo er auch das Regime der Nationalsozialisten miterlebte. Aufgrund seiner Englischkenntnisse arbeitete er als Dolmetscher für die Wehrmacht. Nach dem Ende des Zweiten Weltkriegs reiste Watzlawick durch die Welt, studierte in Venedig, bereiste Indien und ging schließlich nach El Salvador, wo er an der Universität lehrte. Zuvor war er in Zürich in Philosophie promoviert worden. Anschließend zog es ihn in die USA, wo er bis zu seinem Tod an verschiedenen Universitäten lehrte. Er ist bis heute einer der meistzitierten Kommunikationstheoretiker.

DIE BEDEUTUNG OFFENER KOMMUNIKATION IN DER PARTNERSCHAFT

Eine überaus relevante Grundlage in einer Beziehung ist die offene und ehrliche Kommunikation der Partner untereinander. Ohne offene und ehrliche Kommunikation ist eine gesunde und lang anhaltende Beziehung kaum denkbar, schließlich sollten wir unseren Partner weder explizit belügen noch durch falsche körpersprachliche Signale täuschen. Eine offene Kommunikation zu führen, ist dabei deutlich schwieriger, als es zunächst klingt. Betrachten wir zum Einstieg eines der klassischen Modelle zum Verständnis von Kommunikation.

Das Kommunikationsquadrat

Eines der bekanntesten und bedeutendsten Modelle zum besseren Verständnis von Kommunikation stammt von dem deutschen Kommunikationspsychologen Friedemann Schulz von Thun. Es handelt sich dabei um das sogenannte Kommunikationsquadrat. Die Idee des Kommunikationsquadrats, gelegentlich auch *Vier-Seiten-Modell*, fußt auf der Grundannahme, dass jede verbale Äußerung auf vier Ebenen interpretiert werden kann:

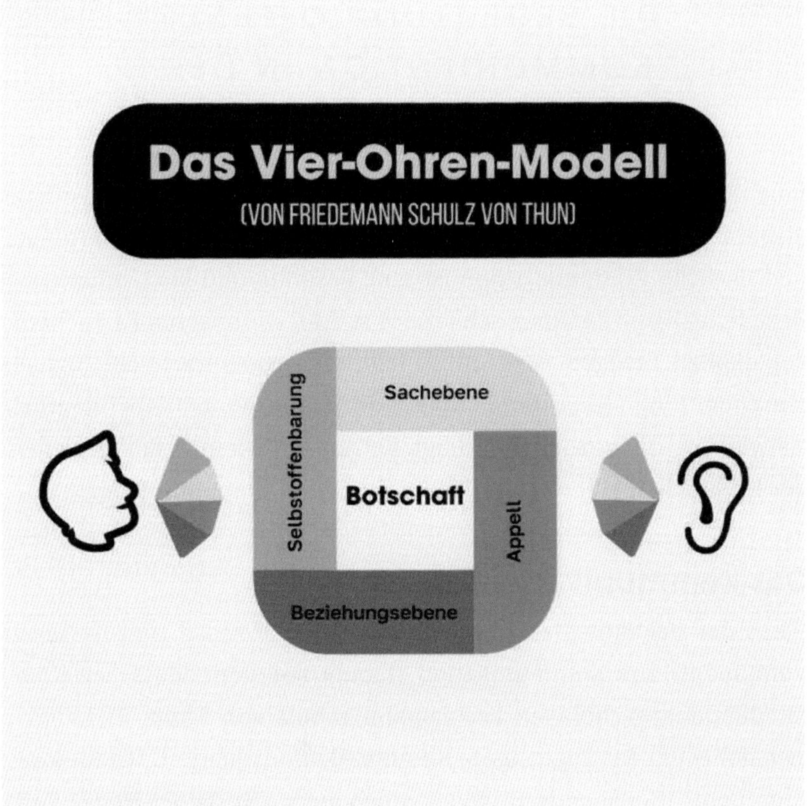

1. Die Sachebene: Auf der Sachebene werden Fakten und Inhalte genannt. Der Sprechende informiert sein Gegenüber über die Inhalte, also beispielsweise: „Gestern war ich auf einer Geburtstagsfeier." / „Es hat heute Morgen stark geregnet." / „Es ist 10:53 Uhr."

2. Die Selbstoffenbarung: Eine verbale Äußerung kann Rückschlüsse auf den Sprecher zulassen. Bei der Aussage „Es hat heute Morgen stark geregnet" gibt es noch keinerlei Rückschlussmöglichkeiten, wenn derjenige aber stattdessen sagt, „So ein Mist, es hat heute geregnet", wissen wir zumindest, dass derjenige keinen Regen mag. Die Selbstoffenbarung erfolgt dabei meist implizit: Nehmen wir an, ein Paar sitzt spätabends auf einer Parkbank, die Sonne geht langsam unter und der

Park ist schwach beleuchtet. Sie sagt: „Oh, ganz schön dunkel." In diesem Satz steckt implizit eine Selbstoffenbarung, nämlich: „Ich finde es unangenehm." / Ich habe Angst, weil es so dunkel ist." Ohne diese Offenbarungsebene würde der Sprechakt keinen Sinn ergeben, denn der andere hat schließlich ebenfalls mitbekommen, dass es dunkel ist. Auf der Ebene der Selbstoffenbarung spielen wiederum Mimik, Gestik und Körpersprache eine entscheidende Rolle für die Interpretation des Gesagten.

3. Die Beziehungsebene: Auf der Beziehungsebene wird das Verhältnis von Sender (Sprecher) und Empfänger berücksichtigt. Wie stehen die beiden zueinander? Gibt es zum Beispiel ein Machtgefälle in der Kommunikation (Abteilungsleiter zu Praktikant / Lehrer zu Schüler) oder begegnen sich beide Gesprächspartner auf Augenhöhe? Des Weiteren können persönliche Konflikte und Sympathien sowie Antipathien eine Rolle spielen. Wenn das Verhältnis der beiden Gesprächspartner ohnehin angespannt ist, also zum Beispiel eine persönliche Konfliktebene die Kommunikation belastet, kann sich dieser Umstand auch auf die anderen Ebenen beziehungsweise auf den Ich-Zustand auswirken.

Ein Beispiel könnte dabei wie folgt lauten: Wenn eine Person, die ich nicht leiden kann, zum Beispiel stark belehrend auftritt, neige ich eher dazu, trotzig zu reagieren, da ich die Autorität der Person infrage stelle und mich ungern von jemandem belehren lassen will, den ich in seinem Auftreten nicht als Respektperson wahrnehme, als wenn der Tadel von einer Person kommt, die ich grundsätzlich schätze und deren Meinung ich dementsprechend als gewichtig und konstruktiv erachte. Sie kennen das Phänomen mit Sicherheit noch aus der Schule: Einem Lehrer, den Sie grundsätzlich schätzen und für fachlich kompetent halten („Der kann mir etwas beibringen"), gestehen Sie als Schüler eher zu, dass er Sie kritisiert oder sanktioniert (Nachsitzen, Extra-Aufgaben etc.), als einem Lehrer, der Ihnen das Gefühl vermittelt, seine fehlende Autorität und Kompetenz mit besonderer Strenge kaschieren zu wollen.

4. Appellebene: Viele Sprechakte beinhalten einen Appell, also eine (indirekte) Aufforderung an das Gegenüber, etwas zu tun oder zu lassen: „Die Musik ist zu laut“ ist zum Beispiel eine Aufforderung, die Musik leiser zu drehen, „Dein Zimmer sieht aus wie ein Saustall“ ist eine Aufforderung des Elternteils an das Kind, endlich das Zimmer aufzuräumen. Viele Sprechakte beinhalten Appelle, je impliziter diese formuliert sind, desto schwieriger sind sie jedoch zu verstehen. Nehmen wir an, besagtes Paar sitzt auf der Couch, sie sagt: „Mir ist kalt.“ Der Appell lautet also vermutlich: „Hol mir eine Decke.“ Wenn der Appell jedoch nicht verstanden wird, antwortet er unter Umständen bloß: „Ich finde es angenehm so.“ Es kommt also insbesondere bei der Appellebene sehr stark auf beide Kommunikationspartner an. Der Sprechende sollte sich möglichst deutlich ausdrücken und der Angesprochene muss möglichst genau hinhören.

Die Ebenen des Kommunikationsquadrats helfen uns, einen kommunikativen Ablauf in seiner Gesamtheit zu verstehen und zu analysieren.

Friedemann Schulz von Thun (* 1944 in Soltau) ist ein deutscher Kommunikationspsychologe, der insbesondere durch seine Theorien zu den Schwierigkeiten und Herausforderungen zwischenmenschlicher Kommunikation einem breiteren Publikum bekannt wurde.

Von 1967 bis 1971 studierte er in Hamburg Psychologie, Philosophie und Pädagogik und legte 1973 seine Dissertation zum Thema „Verständlichkeit bei Wissens- und Informationsvermittlung" vor. 1975 wurde er zum Professor an der Universität Hamburg ernannt. Zur gleichen Zeit hielt Schulz von Thun Trainingskurse für Führungskräfte und Lehrkräfte in Unternehmen ab, welche die Teilnehmer insbesondere in der Herstellung einer positiven Gruppendynamik und in der Anleitung kommunikativer Prozesse trainieren sollten. 1981 veröffentlichte er das Buch „Miteinander reden. Störungen und Klärungen", das bis heute als sein Hauptwerk gilt und dem das Modell des Kommunikationsquadrats entnommen ist.

Schulz von Thun lebt in Hamburg, ist zum zweiten Mal verheiratet und hat zwei erwachsene Kinder.

Da wir *nicht nicht kommunizieren* können, findet innerhalb der Beziehung ohnehin ständig Kommunikation statt. Wenn diese jedoch als versteckt oder intransparent erlebt wird, erhöht sich die Wahrscheinlichkeit eines Konflikts deutlich. Lassen Sie uns auch hier an einem Beispiel verdeutlichen, wie wir unterschiedliche Kommunikationsstile erleben:

- **Offene Kommunikation:**

A: „Schatz, du hast wieder deine Kaffeetasse stehen lassen, ich habe dir bereits mehrfach gesagt, dass es mich stört, wenn benutztes Geschirr in der Wohnung herumsteht. Bitte räume sie weg."
B: „Du weißt, dass ich manchmal einfach nicht daran denke, wenn ich viel zu tun habe."
A: „Ich weiß, ich kann das auch nachvollziehen, dennoch würde ich dich bitten, daran zu denken."

Wir sehen ein „Konflikt"-Gespräch, das allerdings sehr sachlich und ruhig geführt wird. A sagt klar, was Sache ist und warum er/sie B bittet, die Tasse wegzuräumen. Zwar reagiert B mit einer Entgegnung, A bleibt jedoch wiederum sehr sachlich und macht das Anliegen nochmals deutlich. Das Gespräch verläuft also offen und ehrlich, beide Parteien kommunizieren klar miteinander und der Konflikt ist beigelegt, bevor er sich richtig entfalten kann.

- **Verdeckte Kommunikation:**

A: „Immer lässt du deine Kaffeetasse überall stehen."
B: „Ich habe dir doch gesagt, dass ich in meinem stressigen Alltag keine Zeit habe, an alles zu denken."
A: „Das kann doch nicht so schwer sein, daran zu denken."
B: „Wenn du so viel zu tun hättest wie ich, wüsstest du, dass man sich mit solchen Nebensächlichkeiten dann nicht mehr beschäftigt."
A: „Ach so, ob ich mich in unserer Wohnung wohlfühle, ist für dich also eine Nebensächlichkeit?"

Die Ausgangssituation ist dieselbe, A stört die Kaffeetasse von B, doch schon der Einstieg in das Gespräch ist ein völlig anderer. A sagt nämlich nicht offen, wie es ihr/ihm damit geht, sondern stellt erst einmal eine vermeintliche Sachaussage in den Raum, nämlich, dass B die Tasse hat stehen lassen. Durch die Tonalität und die (vermutliche) Vorgeschichte ist B jedoch klar, dass es sich nicht um eine reine Feststellung, sondern auf der Appellebene auch um einen Vorwurf beziehungsweise eine Aufforderung handelt: „Räum die Tasse weg!"

B ist genervt von dem Appell und kann A nicht nachvollziehen, da A keinen Einblick in die eigene Gefühlswelt gewährt. Er/Sie reagiert somit trotzig und formuliert seinerseits/ihrerseits ebenfalls implizit einen Vorwurf: „Du hast weniger zu tun als ich, deshalb denke ich nicht an die Tasse" oder, wenn wir den Gedanken weiterdenken, „Räum sie doch selbst weg, du hast doch eh nicht viel zu tun". Diese

Missachtung des eigenen Wunschs/ Appells macht A wiederum sauer und der Konflikt ist in vollem Gange.

Der Wert von offener und ehrlicher Kommunikation zur Konfliktvermeidung wird also an diesem Beispiel deutlich. Die nachfolgenden Übungen sind dazu geeignet, offene Kommunikation zu stärken.

Übung: Offen und ehrlich kommunizieren

- **Ich-Botschaften senden:** An dem oben genannten Beispiel sehen Sie, dass es einen Unterschied macht, ob man in einem Konfliktgespräch die eigene Position deutlich macht oder ob man einen generalisierten Vorwurf formuliert. „Lass die Tasse nicht stehen" ist eine Aufforderung ohne Begründung. Demjenigen, der die Tasse hat stehen lassen, ist es aber egal, ob sie dort steht oder nicht, daher läuft der Vorwurf bzw. der Appell ins Leere. Durch die Formulierung „..., weil ich mich unwohl fühle, wenn benutztes Geschirr in der Wohnung steht" wird jedoch die Gefühlsebene mitgedacht – es handelt sich um eine Ich-Botschaft („Ich fühle mich unwohl"). Da der Partner nicht möchte, dass der andere sich unwohl fühlt, wird er die Tasse viel eher wegräumen als im ersten Fall. Machen Sie Ihre eigene Haltung im Gespräch transparent.

- **Gefühle deutlich machen:** Damit einher geht die Formulierung von Gefühlen. Im ersten Schritt formulieren wir also in dem Beispiel mit der Tasse „Ich fühle mich unwohl". Damit wird die emotionale Konsequenz des Handelns oder Nichthandelns eines Partners deutlich. Auch wenn sich anschließend die Konflikte wiederholen, sind Ich-Botschaften unter Ausdruck der eigenen Gefühle der beste Weg zur Kommunikation: „Ich fühle mich nicht ernst genommen, wenn du auf meine Bitten nicht eingehst." Je persönlicher die Ansprache, desto wirksamer ist sie!

- **Nachfragen:** In einem Konfliktgespräch kann es zu Unklarheiten kommen, weil ein Partner mehr Wissen beim anderen voraussetzt, als tatsächlich vorhanden ist. Man geht zum Beispiel davon aus, dass der Partner weiß, dass man momentan eine stressige Phase auf der Arbeit durchlebt. Doch auch, wenn man hin und wieder von der Arbeit erzählt, ist das Ausmaß des Stresses und die Art, wie dieser auch im privaten Bereich durchschlägt, dem anderen vielleicht nicht bewusst. Insbesondere, wenn Ihnen überzogen erscheinende Vorwürfe oder heftige emotionale Regungen entgegengebracht werden, die Sie sich nicht erklären können, fragen Sie lieber einmal mehr beim Partner nach, was ihn belastet, was er meint, wie er sich fühlt. Tun Sie emotionale Reaktionen niemals einfach ab, Nachfragen helfen und schaffen Klarheit auf beiden Seiten (Sender und Empfänger).

Mit einer offenen Kommunikation legen Sie die Grundlage für eine gesunde Beziehung. Dennoch kann es natürlich zu Beziehungskonflikten kommen, die nicht primär mit der Kommunikation der beiden Partner zu tun haben. Betrachten wir daher im weiteren Verlauf die Positionierung der Partner innerhalb der Beziehung.

SELBSTBEWUSSTSEIN STÄRKEN

Selbstvertrauen und Selbstbewusstsein sind zwei Attribute, die vielen Menschen oft fehlen, auch wenn sie es zumeist überspielen. Dies macht sich in einer Beziehung ebenfalls bemerkbar: Wenn ein Partner unzufrieden mit sich selbst ist und nicht über ausreichend Selbstbewusstsein verfügt, ist er sich in seiner Rolle innerhalb der Beziehung unsicher und ist daher angespannter, was wiederum das Konfliktpotenzial erhöht. Selbstbewusstsein gehört zu einem mental gesunden Selbstbild – schließlich brauchen Sie im Alltag ein gewisses Vertrauen in Ihre Fähigkeiten, sei es im beruflichen Kontext oder auch familiär in Ihre Fähigkeiten als Familienvater/Partner. Resilienz und mentale Stabilität erlangen Sie also dauerhaft nur dann, wenn Sie Ihr Selbstvertrauen wiedergewinnen.

- **Selbstannahme und Selbstmitgefühl:** Akzeptieren Sie sich selbst mit all Ihren Stärken und Schwächen und üben Sie Selbstmitgefühl, wenn Sie mit Schwierigkeiten konfrontiert sind. Seien Sie geduldig und liebevoll mit sich selbst und erlauben Sie sich, Fehler zu machen, denn sie sind Teil des Lernprozesses. Wir neigen häufig dazu, mit uns selbst kritischer zu sein als mit allen anderen. Würden wir einem Arbeitskollegen eine kleine Unachtsamkeit im Rahmen der Projektarbeit jederzeit erlauben, sind wir mit uns selbst unnachgiebig. Prüfen Sie also, ob Ihre Selbstkritik gerechtfertigt ist oder ob Sie besser Milde mit sich selbst walten lassen sollten.

- **Selbstreflexion und Selbstkenntnis:** Nehmen Sie sich Zeit, um sich selbst besser kennenzulernen und Ihre Bedürfnisse, Werte und Ziele zu reflektieren. Übungen zur Selbstreflexion haben wir ja bereits kennengelernt. Führen Sie diese regelmäßig, bestenfalls täglich, aus und identifizieren Sie auf diese Weise Ihre Stärken und Ressourcen und nutzen Sie sie, um Ihre Ziele zu erreichen und Herausforderungen zu bewältigen.

- **Selbstbestimmung und Selbstwirksamkeit:** Übernehmen Sie Verantwortung für Ihr Leben und gestalten Sie es aktiv nach Ihren Vorstellungen. Glauben Sie an Ihre Fähigkeit, Ihr Leben zu verändern, und setzen Sie sich realistische Ziele, um Ihre Träume zu verwirklichen. Hierfür sind die soeben angesprochenen konkreten Ziele wichtig. Sie können so in einen Flow geraten und sich schnell wieder in einem positiveren Licht betrachten. Haben Sie ein, zwei oder mehrere Ziele auf Ihrer Liste erreicht, steigt Ihr Selbstvertrauen automatisch, da Sie Ihre Erfolge spüren können.

- **Selbstbewusstsein und Selbstsicherheit:** Entwickeln Sie ein positives Selbstbild und Selbstvertrauen, indem Sie sich Ihrer Fähigkeiten und Erfolge bewusst werden. Schämen Sie sich nicht, Ihre Erfolge auch herauszustellen. Genauso wie Selbstkritik in manchen Situationen angebracht ist, darf auch ein Lob der eigenen Leistungen erfolgen. Stehen Sie zu sich selbst und Ihren Überzeugungen und lassen Sie sich nicht von Selbstzweifeln oder negativen Bewertungen anderer beeinflussen. U.a. die Methoden der Akzeptanz- und Commitment-Therapie, die wir im folgenden Abschnitt kennenlernen werden, können Ihnen dabei behilflich sein.

- **Selbstentwicklung und Wachstum:** Sehen Sie Herausforderungen als Chancen für persönliches Wachstum und Entwicklung. Nutzen Sie jede Erfahrung, sei es positiv oder negativ, als Möglichkeit, sich weiterzuentwickeln und Ihr volles Potenzial zu entfalten. Im ersten Moment fällt es natürlich schwer, den negativen Ereignissen, Gedanken und Gefühlen eine positive Wendung zu geben – doch versuchen Sie nach Möglichkeit, das positive Potenzial zu sehen.

Übung: Selbstbewusstsein stärken

Um Ihr Selbstbewusstsein zu stärken, bedarf es oftmals keiner besonders komplizierten Techniken oder Tools. Simple alltägliche Übungen können Ihnen dabei helfen, selbstbewusster zu werden und entsprechend aufzutreten. Wenn Sie selbstbewusst auftreten, werden Sie schnell feststellen, dass Sie von anderen Menschen auch selbstbewusster wahrgenommen werden – Sie erhalten sozusagen ein selbstbewussteres Spiegelbild Ihrer selbst von Ihrem Partner zurück. Beginnen Sie mit einem Brainstorming, bei dem Sie notieren, was Sie gut können. Wo sind Ihre Stärken? Was unterscheidet Sie (in positiver Hinsicht) von anderen, d. h., was können Sie z. B. besser als die anderen Menschen in Ihrem Umfeld? Dabei kann es sich um handwerkliche Fähigkeiten handeln, um sportliche Leistungsfähigkeit oder aber auch um die Gabe der Empathie. Wenn Sie etwa besser zuhören können als andere Menschen, ist auch das eine Eigenschaft, die Sie von anderen positiv abhebt. Im zweiten Schritt führen Sie das Brainstorming weiter. Nun soll es um Ihre Erfolge gehen. Welche Erfolge haben Sie (beruflich/familiär/privat) in letzter Zeit erzielt? Welche Ziele haben Sie erreicht und wie haben Sie das geschafft? Durch das Sammeln positiver Eigenschaften und erreichter Ziele werden Sie schnell feststellen, dass Sie ein begabter und sicherlich auch in mancher Hinsicht sehr erfolgreicher Mensch sind. Es gibt also keinen Grund, sich kleiner zu reden, als man tatsächlich ist. Diese Erkenntnis stärkt Ihr Selbstbewusstsein enorm.

Insgesamt sind die Stärkung der Resilienz und die Entwicklung von Selbstvertrauen und Selbstbewusstsein kontinuierliche Prozesse, die Zeit, Geduld und Übung erfordern. Seien Sie geduldig mit sich selbst und nehmen Sie kleine Fortschritte als Erfolge wahr.

Mit der Zeit werden Sie feststellen, dass Sie immer stärker und widerstandsfähiger werden und dass Sie Ihr Leben sowie Ihre Beziehung aktiv gestalten können, trotz der Herausforderungen, die Ihnen begegnen mögen.

KONFLIKTLÖSUNGSTECHNIKEN

Kennen Sie diese Situation? Sie streiten sich, diskutieren über ein Thema und erleben in diesem Moment ein Déjà-vu? Genau über dieses Thema haben Sie mit Ihrem Partner doch schon so häufig gestritten und nie sind Sie zu einer für beide Parteien zufriedenstellenden Lösung gekommen. In diesem Kapitel soll es daher um effektive Strategien zur Konfliktlösung gehen. Häufig lassen sich Konflikte über Kompromisse lösen, denn dass einer der beiden Partner seinen Standpunkt komplett aufgibt, ist eher unwahrscheinlich. Außerdem ist es auch für die Balance der Partnerschaft nicht förderlich, wenn ein Partner zugunsten des anderen seine Position aufgeben muss. Daher werden wir in diesem Kapitel lernen, Kompromisse einzugehen und mit diesen zu leben, sie nicht als Niederlage zu betrachten, weil man von seinem eigenen Ideal ein Stück weit abweichen musste, sondern in ihnen eine positive Kraft in der Beziehung zu sehen.

Konflikte als Chance für Wachstum betrachten

Konflikte wirken erst einmal negativ auf uns: Sie belasten uns und unsere Beziehung. Was soll an Konflikten also positiv sein? Was soll man Positives aus ihnen ziehen können?

Streit gehört in jeder gesunden Beziehung dazu. Sie alle kennen vermutlich ein Paar aus Ihrem Umfeld, das sich nie gestritten hat – alles war nach außen hin harmonisch und insgeheim hat man dieses Paar sogar um diese perfekte Harmonie beneidet. Und dann, eines Tages, erfährt man, dass sie sich getrennt haben. Nun steht man perplex da: Wie konnte das passieren? Die Lösung ist oftmals einfach: Wer in einer Partnerschaft niemals offen Konflikte austrägt, unterdrückt diese. In einer Partnerschaft entstehen Konflikte quasi zwangsläufig, und seien es nur kleine Meinungsverschiedenheiten. Werden diese nicht angesprochen, arbeiten sie in unserem Unterbewusstsein und potenzieren dort ihre destruktive Kraft. Nur, weil Konflikte nicht ausgetragen werden, heißt es nicht, dass sie nicht existieren.

Sie können daher den Konflikt oder den Streit innerhalb einer Partnerschaft als etwas Normales, gar Natürliches, betrachten. Haben Sie keine Angst davor, Konflikte offen auszutragen, sondern stellen Sie sich diesen, wenn es sein muss. Ihre Beziehung kann durchaus daran wachsen, wenn Sie lernen, effektiv mit Meinungsverschiedenheiten umzugehen. Seien Sie dankbar, wenn Sie einen Partner an Ihrer Seite haben, mit dem Sie einen offenen und ehrlichen Konflikt führen können, denn somit sinkt die Wahrscheinlichkeit, dass die negativen Emotionen sich unverarbeitet in ihm oder in Ihnen aufstauen.

Einen anderen Blick gewinnen: Akzeptanz- und Commitment-Therapie

Ein in den vergangenen Jahren häufig zitierter therapeutischer Ansatz ist die sogenannte Akzeptanz- und Commitment-Therapie (ACT) nach dem amerikanischen Psychotherapeuten Steven C. Hayes. Die ACT kann dabei helfen, negative Denkmuster zu hinterfragen und grundsätzlich anders als bisher zu begreifen. So kann aus einer negativen Gedankenspirale ein positiver Gedanke erwachsen. Um bei unserem Beispiel zu bleiben: Ein Konflikt wird dann nicht mehr primär als etwas Schlechtes oder als Störfaktor für eine Beziehung wahrgenommen, sondern kann positiv als „reinigendes Gewitter", das zuvor unterdrückte Emotionen zutage fördert, umgedeutet werden.

Steven C. Hayes (* 1948) ist ein US-amerikanischer Psychologe, Therapeut und derzeit Inhaber des Lehrstuhls für Psychologie an der University of Nevada.

Er schloss 1974 sein Psychologiestudium an der West Virginia University mit einem Master ab und promovierte, nur drei Jahre später, an derselben Hochschule. Seine Forschungsschwerpunkte lagen zunächst auf Kognitionsanalysen; in diesem Zusammenhang entwickelte er die Bezugsrahmentheorie, eine psychologische Theorie zum Verständnis von Sprache und Interaktion in deren spezifischen Kontext (Warum und wie wird innerhalb einer sozialen Interaktion kommuniziert?). Darauf aufbauend entwickelte er die ACT, die noch einen Schritt weiter geht und nicht nur die offen stattfindende Interaktion, sondern auch die zugrundeliegenden Denkprozesse beleuchtet.

Hayes publizierte (Stand 2023) bisher 38 Monographien und über 550 Fachzeitschriftenartikel und gilt als einer der einflussreichsten Psychologen der vergangenen 50 Jahre.

Wenn Sie sich en détail in die Theorie einarbeiten möchten, ist zusätzlich zur Lektüre des hier vorliegenden Textes das Buch „ACT leicht gemacht. Ein grundlegender Leitfaden für die Praxis der Akzeptanz- und Commitmenttheorie" von Russ Harris sehr zu empfehlen. An dieser Stelle wollen wir jedoch auf den Teil der ACT eingehen, der sich explizit mit der Akzeptanz und dem Umgang mit negativen Gedanken sowie Konfliktsituationen beschäftigt.

Grundsätzlich geht die Theorie davon aus, dass negative Gedankenkreisläufe das Ergebnis unserer alltäglichen Denkprozesse sind. Derselbe Mechanismus, der uns erlaubt, Probleme zu lösen oder logische Zusammenhänge zu begreifen, beschert uns auf der anderen Seite negative Gedanken, wie zum Beispiel die Scheu vor Konflikten oder das ständige Durchleben derselben emotional belastenden Situationen innerhalb einer Beziehung. Dabei spielt es keine Rolle, ob die

Gedanken zielführend, rational oder gar hilfreich sind. Da Paarbeziehungen zu großen Teilen auf einer emotionalen Ebene geführt werden (Liebe und gegenseitige Zuneigung als Grundvoraussetzung), sind viele Gefühle innerhalb eines Beziehungskonflikts eben nicht rational begründbar. Für denjenigen, der den Konflikt durchlebt, sind die Gefühle jedoch äußerst real, daher spielt es für die ACT erst einmal keine Rolle, ob sie rational begründet sind.

Ziel der ACT ist es nun, Kontrolle über diese irrationalen Gedanken und Gefühle, also die psychologischen Prozesse in Ihrem Gehirn, zu erlangen. Es geht nicht darum, sämtliche negativen Gedanken beiseitezuschieben. Man soll stattdessen lernen, mit diesen Gedanken zu leben und sich nicht zu sehr von ihnen leiten zu lassen. Die ACT möchte den Menschen allerdings dabei helfen, mit den negativen Gedanken angemessen umzugehen. Es geht nicht darum, Ihre Gedankenstruktur an sich zu ändern, vielmehr soll sich Ihre Sichtweise auf diese Gedanken verändern.

Dazu bedarf es eines gewissen Maßes an psychischer Flexibilität, also eines gesunden Umgangs mit Ihren Gefühlen, auch den belastenden. Sie sollten nicht versuchen, die schlechten Gedanken, die Sie umtreiben, vollständig zu kontrollieren; dies funktioniert meistens ohnehin nicht. Statt-dessen sollten Sie sie zulassen. Lassen Sie sich allerdings nicht von ihnen kontrollieren, sondern versuchen Sie, eine gesunde Distanz zu Ihren Ängsten zu gewinnen. Lassen Sie Ihre Gedanken nicht die Oberhand gewinnen.

Übung: Akzeptanz: Die eigenen Gedanken und Gefühle zulassen

- **Beobachtung:** Versuchen Sie im ersten Schritt, Ihre Gedanken zu beobachten, als wären es nicht Ihre eigenen, sondern die einer anderen Person. Überlegen Sie dabei: Was wird wohl mein nächster Gedanke sein?

Diese Übung wird auch als *Mauseloch-Technik* bezeichnet, da Sie wie eine Katze vor einem Mauseloch auf den nächsten Gedanken warten, der aus dem Loch auftaucht – und wenn der Gedanke da ist, schnappen Sie sich ihn. Durch dieses bewusste Antizipieren und Beobachten der eigenen Gedanken lernen Sie Ihre eigene Denkstruktur besser kennen. Außerdem lösen Sie sich ein wenig von dem Druck, immer positiv denken zu müssen. Sie sind reiner Beobachter und haben keinen direkten Einfluss darauf, was als Nächstes passiert, Sie steuern nicht Ihre Gedanken, sondern richten sich auf sie ein; eben wie eine Katze, die nicht kontrollieren kann, wann die nächste Maus aus dem Mauseloch huscht. Diese Technik muss man üben, um sie möglichst perfekt umzusetzen. Doch die Mühe lohnt sich, versuchen Sie daher, in verschiedenen Situationen in Ihrem Alltag Ihre eigenen Gedanken zu abstrahieren und zu beobachten.

• **Akzeptanz:** Sie haben auf den Gedanken gewartet und nun, ganz plötzlich, ist er da. Sie haben etwas gedacht. Und was auch immer Ihr Gedanke war, er war in diesem Moment richtig. Bleiben wir beim Bild des Mauselochs: Die Katze muss ebenfalls akzeptieren, welche Maus aus dem Mauseloch kommt, sie kann sich zwar wünschen, dass es eine größere, kräftigere Maus wäre, an der sie sich satt fressen kann, doch handelt es sich um eine kleine, dürre Maus, muss die Katze mit ihr vorliebnehmen. Die Übertragung auf Ihre Gedanken bedeutet in der Hinsicht so viel wie: Sie können sich zwar wünschen, dass Sie einen klugen, reflektierten Gedanken fassen, doch wenn Sie in diesem Moment schlicht wütend auf Ihren Partner sind und Ihr erster Gedanke daher „Du Idiot" lautet, ist das in Ordnung und Sie sollten es akzeptieren. Wenn Sie die Mauseloch-Technik üben, können Sie die Gedanken auch auf einem Blatt notieren. Lassen Sie die Notiz zunächst unkommentiert stehen, erst im nächsten Schritt versuchen Sie, sie einzuordnen. Erst einmal geht es darum, das Gedachte zu akzeptieren.

- **Reflexion:** Im letzten Schritt erfolgt die Reflexion der Gedanken. Erst hier machen Sie das, was Sie vermutlich aus einem Reflex heraus bereits vor Schritt eins machen wollten: Sie überlegen, was Ihre Gedanken bedeuten; ob sie eher negativ oder positiv sind; ob sie reflektiert, sachdienlich, etc. sind. Bei der Beobachtung und der Akzeptanz haben Sie festgestellt, dass Ihr erster Gedanke innerhalb eines Konflikts „Du Idiot" lautete. Sie haben dies aufgeschrieben und akzeptiert – doch nun folgt die Einordnung: Sie sind offensichtlich wütend, vermutlich auch enttäuscht. Sie befinden sich auf der Beziehungsebene (es geht um die Person), nicht auf der Sachebene. Wodurch wurde Ihre Wut ausgelöst? War es eine Handlung oder eine Verhaltensweise des Partners? In welchen Situationen haben Sie unter Umständen ähnlich gedacht? All diese Fragen stellen Sie sich im Zuge der Reflexion. Diese hilft Ihnen dabei, Muster bei Ihren eigenen Gedanken zu erkennen: „Wenn mein Partner dieses oder jenes tut, fühle ich mich wie folgt – daher denke ich ..." Diese Erkenntnis hilft Ihnen wiederum bei zukünftigen Konflikten, in denen Sie nun Ihre eigenen Gedanken und Gefühle von vornherein besser reflektieren und antizipieren können. So lernen Sie, besser mit Ihren Gefühlen umzugehen, auch in emotional angespannten Situationen.

Effektive Konfliktlösungsstrategien

Konflikte sollten angegangen werden, sonst schwelen sie unbemerkt und belasten die Beziehung untergründig. Es mag banal klingen, doch die beste Art und Weise, mit Konflikten umzugehen, ist noch immer der Dialog – denn nur durch das Sprechen miteinander kommen Sie weiter. Doch auch nicht jeder Dialog ist unbedingt eine Hilfe auf dem Weg der Konfliktlösung. Wir haben in den vorherigen Abschnitten bereits festgestellt, dass Kommunikation in Form von Dialogen immer auch Konfliktpotenzial hervorbringt. Daher gibt es bestimmte Regeln, die Sie bei einem auf Konfliktlösung angelegten Dialog unbedingt beachten sollten.

Übungen: Dialog zur Konfliktlösung

- **Positionen klar ausarbeiten:** Wenn Sie in einen Dialog eintreten, sollten Sie sich Ihrer Position im Gespräch bereits bewusst sein. Unkonkrete oder schwammige Formulierungen können zu Missverständnissen führen, diese wiederum können einen Konflikt befeuern. Drücken Sie sich klar und deutlich aus und vermitteln Sie Ihrem Gegenüber, auf welchem Standpunkt Sie stehen.

- **Offenheit zeigen:** Gehen Sie mit einer gewissen Offenheit ins Gespräch. Auch wenn Ihre Position klar ist, sollten Sie dennoch keinesfalls verschlossen oder ablehnend auf Ihr Gegenüber wirken. Hören Sie sich dessen Argumente in Ruhe an und denken Sie ernsthaft darüber nach, ob nicht auch eine gegenteilige Position zu Ihrer eigenen eine Daseinsberechtigung hat. Ziel sollte es nach Möglichkeit sein, einen Kompromiss zu schließen. Drücken Sie Ihre Offenheit durch Ihre Körpersprache aus. Lehnen Sie sich nicht zurück, wenn Ihr Gegenüber spricht, das signalisiert, dass Sie auf Distanz zu ihm gehen wollen. Verschränken Sie auch zum Beispiel nicht Ihre Arme, sondern deuten Sie körpersprachlich Ihre Offenheit an.

- **Geduld bewahren:** Erwarten Sie nicht, dass bereits bei Ihrem ersten Dialog alle offenen Punkte geklärt werden können. Manche Konflikte gehen tief, insbesondere, wenn normativ argumentiert wird. Das subjektive Empfinden spielt bei Konflikten eine große Rolle. Bringen Sie also die nötige Geduld in der Sache und vor allen Dingen auch die nötige Geduld mit Ihrem Gesprächspartner auf.

- **Fähigkeit zum Dissens (oder die Fähigkeit zum konstruktiven wie auch kognitiven Konflikt):** Nicht alle Konflikte lassen sich zu einhundert Prozent lösen. Manche Positionen mögen trotz zahlreicher Versuche letztlich nicht vereinbar sein. Das bedeutet allerdings nicht, dass Sie sich mit Ihrem Gegenüber nicht in einer anderen Situation einig werden können. Solange es Ihr grundsätzliches Arbeits- oder Liebesverhältnis nicht belastet, können Sie durchaus akzeptieren, dass Sie in manchen Punkten nicht übereinstimmen: *We agree to disagree.*

  Wenn also beispielsweise Ihr Partner vehement verneint, dass Spanien ein tolles Urlaubsland sei, und auch Ihre Argumente ihn nicht überzeugen können, wäre es vielleicht besser, sich eher ein anderes Reiseziel auszusuchen, anstatt den Konflikt auf Biegen und Brechen weiterhin auszutragen.

Konfliktprävention für eine dauerhafte Harmonie

Im ersten Schritt ist es wichtig, die Konflikte anzunehmen und auszutragen, doch wenn Sie im Laufe Ihrer Beziehung in eine Endlosschleife geraten und immer wieder über dieselben Themen streiten, ist Ihnen und Ihrer Beziehung ebenfalls nicht geholfen. Oftmals schleichen sich in langjährige Beziehungen gewisse Grundkonflikte ein, die immer und immer wieder in anderer Form zutage treten. Zwar gibt es unterschiedliche Auslöser, doch die grundsätzliche Spannung ist immer dieselbe. Versuchen Sie daher, wiederkehrende Konflikte möglichst zu vermeiden, und handeln Sie dazu präventiv, das heißt, Sie suchen schon eine Lösung, bevor der Streit offen ausgetragen wird, und lassen es so erst gar nicht zu einer konfrontativen Auseinandersetzung kommen.

Übungen: Konfliktprävention in der Paarbeziehung

- **Kommunikation verbessern:** Die Grundlage jeder guten Beziehung ist gute Kommunikation. Daher lassen sich Beziehungskonflikte am besten vermeiden, indem man sehr genau auf die eigene Ausdrucksweise achtet. Sprechen Sie offen miteinander über alles, was Ihnen auf dem Herzen liegt, denn dafür ist eine gute Beziehung schließlich da. Sagen Sie einerseits offen, was Sie stört, seien Sie andererseits aber auch offen für Komplimente und positive, wertschätzende Kommunikation. Senden Sie Ich-Botschaften, statt einander Vorwürfe zu machen, sprechen Sie über Ihre konkreten Wünsche und Bedürfnisse, anstatt andeutungsvoll und vage zu kommunizieren. Vermeiden Sie es auch, die Gefühle der anderen Person zu deuten, ohne zu wissen, was eigentlich in ihrem Inneren los ist. Legen Sie Ihrem Gegenüber auch keine Worte in den Mund. Eine gute und positive Kommunikation bildet das vielfach zitierte Fundament der Beziehung und hilft somit bei der Konfliktprävention.

- **Muster erkennen:** Je länger die Beziehung hält, desto wahrscheinlicher schleichen sich bestimmte Muster ein, was sowohl die Kommunikation als auch die Handlungsweisen beider Partner anbelangt. Streitigkeiten werden beinahe zu einer Art Choreographie, denn sobald ein Partner etwas sagt, reagiert der andere auf eine ganz bestimmte Art und Weise darauf und schon nimmt der Konflikt zum wiederholten Male seinen Lauf. Irgendwann ist ein Punkt erreicht, an dem beide Partner genug von diesen wiederkehrenden Konfliktsituationen haben. Wenn Sie allerdings das Muster erkannt haben (sie macht ihn auf etwas aufmerksam, er reagiert trotzig, sie reagiert wütend etc.), ist es ein Leichtes, dieses zu durchbrechen. Sie kennen bereits die Auslöser des Konflikts, also liegt es an Ihnen beiden, das Ausbrechen zu vermeiden, indem Sie die Auslöser („Trigger-Punkte") umgehen. Hierbei hilft wiederum der erste Punkt.

Ein Beispiel: „Ich weiß, du fühlst Dich oft von mir angegriffen, aber diese Kritik geht nicht gegen dich persönlich ...“ Sind die Muster erst durchbrochen, kommen Sie aus der Spirale heraus und verfallen nicht immer wieder in dieselben Konflikte.

- **Konfliktthemen offen ansprechen:** Über die Wichtigkeit, Konfliktthemen offen anzusprechen, haben wir in diesem Kapitel bereits einiges gelernt. Wenn Sie etwas an Ihrem Partner stört, zögern Sie nicht, dies offen anzusprechen. Besser ist es, dass Sie miteinander reden und im besten Fall an einer gemeinsamen Lösung arbeiten, anstatt die Wut und den Ärger immer weiter anzustauen. So verhindern Sie den Ausbruch von Streitigkeiten, indem Sie diesen durch ein Gespräch bereits die Grundlage entziehen und Ihren Konflikt ruhig, vernünftig und sachlich auflösen. Dabei kommt es, wie wir ebenfalls in diesem Kapitel gelernt haben, sowohl auf den Sender als auch auf den Empfänger der Nachricht an. Äußern Sie als Sender Ihre Kritik sachlich und in Form von Ich-Botschaften und versuchen Sie auf der anderen Seite, als Empfänger ebenfalls ruhig zu bleiben und die Kritik nicht auf Sie persönlich zu beziehen.

- **Beziehung im Alltag stärken:** Bauen Sie in Ihren Alltag immer wieder kleine Momente ein, die Ihre Beziehung stärken. Unternehmen Sie etwas Schönes gemeinsam, gehen Sie unter der Woche schick essen, ohne dass es einen bestimmten Anlass dafür gibt. Schenken Sie sich gegenseitig eine Kleinigkeit als Zeichen der gegenseitigen Zuneigung und Wertschätzung. Diese Tipps mögen banal klingen, sie sind aber essentiell, um eine gesunde und langanhaltende Beziehung aufrechtzuerhalten. Der Alltag wird über die Jahre oftmals zur Bremse für die Beziehungsdynamik. Langeweile und öde Routinen stellen sich ein, die Stimmung wird schlechter, Konflikte eskalieren schneller. Durch kleine, aber feine Gesten und gemeinsame Erlebnisse, die den Alltag spannender gestalten, stärken Sie Ihre Beziehung nachhaltig und beugen immer wiederkehrenden Konflikten vor.

Kommunikationsregeln für die Konfliktprävention

Wir haben nun also gelernt, dass die meisten Konflikte ihre Ursache in einer fehlerhaften Kommunikation haben. Um dies zu verhindern, gibt es kommunikative Grundregeln, mit deren Einhaltung Sie die Wahrscheinlichkeit für eine gelungene, das heißt konfliktfreie, Kommunikation entschieden erhöhen. Jede Beziehung kann dabei zusätzlich individuelle Regeln haben, an die sich beide Partner halten sollten, diese können, wie wir bereits gelernt haben, bilateral zwischen den Partnern ausgemacht werden. Halten wir an dieser Stelle jedoch die allgemeingültigen Regeln fest:

1. Offener und ehrlicher Umgang miteinander: Beide Partner sollten die Möglichkeit haben, ein Konfliktthema offen anzusprechen. Dabei sollte die Kommunikation klar und ehrlich verlaufen. Achten Sie auch darauf, dass Ihre Körpersprache kongruent zu Ihren Aussagen ist, um keine Dissonanzen beim Gegenüber zu erzeugen. Das heißt aber auch: Sie sollten sich nicht verstellen. Auch wenn jederzeit die Möglichkeit bestehen sollte, einen Konflikt anzusprechen, sollte die Antwort ebenso ehrlich sein. Eine Antwort wie „Ich bin gerade nicht besonders aufnahmefähig, können wir das zu einem späteren Zeitpunkt besprechen?" ist ehrlicher und daher mehr wert als ein gekünsteltes: „Ja, okay, wenn du willst, können wir reden." Sie sollten innerhalb der Partnerschaft keinerlei Bedenken haben, offen und ehrlich miteinander zu sein.

2. Das richtige Timing: Es kommt in der Kommunikation nicht nur auf den Inhalt an, sondern auch auf das Timing. Ein berechtigter Kritikpunkt, geäußert in einer unpassenden Situation, führt schnell zum Konflikt. Hierfür bedarf es der bereits häufiger angesprochenen Empathie. Versuchen Sie, sich in Ihren Partner hineinzuversetzen.

Wie fühlt er sich in diesem Augenblick? Passt es gerade oder nicht? In welcher Situation befinden wir uns – ist er vielleicht gestresst, angespannt oder ohnehin bereits genervt von etwas anderem? Dann ist das Timing wahrscheinlich nicht optimal. Hierbei können die innerhalb der Beziehung individuell festgelegten Regeln eine Hilfe sein. Dort können Sie gewisse Zeiten festlegen, zu denen es grundsätzlich nicht passt und zu denen Sie grundsätzlich keine Konfliktgespräche führen wollen.

3. Die Ebenen nicht vermischen: Inhalts-, Appell- und persönliche Ebene schwingen in den meisten Sprechakten mit. Doch der Fokus des Gesprächs sollte auf einer Ebene liegen. Entweder möchten Sie eine inhaltliche Kritik am Partner üben, beispielsweise, weil dieser in einer konkreten Situation unzuverlässig war, sich nicht an eine Abmachung gehalten hat etc., oder Sie möchten ihn auf der persönlichen Ebene für einen Charakterzug kritisieren: „Du wirkst auf mich in bestimmten Situationen sehr bevormundend und rechthaberisch, weil ..." Vielleicht möchten Sie aber auch einen Appell an ihn richten: „Ich möchte dich bitten, dich in Zukunft stärker im Haushalt zu beteiligen." Formulieren Sie konkret und vermischen Sie nicht die kommunikativen Ebenen: „Weil du mein Freund bist und mich liebst, musst du mehr im Haushalt mithelfen." Diese Aussage kann leicht angegriffen oder abgewehrt werden, weil die personale und die Appellebene vermischt werden. Vielleicht hat für den Freund das eine aber nichts mit dem anderen zu tun: „Ich liebe dich genauso, auch wenn ich nichts im Haushalt mache." Somit führt diese Argumentation letzten Endes nicht zu einem Kompromiss.

4. Das Positive sehen: Auch wenn es einen konkreten Anlass für einen Konflikt gibt – es gibt immer noch einen Grund, warum Sie überhaupt mit Ihrem Partner zusammen sind, und es gibt einen Grund, warum Ihnen die Partnerschaft so wichtig ist, dass Sie darum kämpfen.

Wäre es Ihnen egal, was mit Ihrer Beziehung passiert, könnten Sie es sich leicht machen und die Konfrontation einfach umgehen. Dass Sie diese aber suchen, obwohl sie anstrengend ist, bedeutet, dass Sie eine Zukunft und einen tieferen Sinn in der Beziehung sehen: Vergessen Sie diese grundsätzlich positive Grundstimmung nicht, auch wenn Sie ein Konfliktgespräch führen. Denken Sie an die positiven Seiten, die Sie an Ihrem Partner lieben und schätzen, und Sie werden sehen, dass das Gespräch direkt einen angenehmeren Verlauf nimmt, in dem tiefschürfende Konflikte erst gar nicht entstehen.

5. Andeutungen erkennen und Vermutungen äußern: Wir sind alle nicht perfekt. Daher ist auch das Ideal einer jederzeit offenen und ehrlichen Kommunikation nicht immer erreichbar. Selbst wenn wir es uns fest vornehmen, immer direkt zu formulieren, was uns auf der Seele liegt, schaffen wir es manchmal nicht. Dies muss nicht einmal in schlechter Absicht geschehen, unter Umständen wissen Sie schlicht nicht, wie Sie Ihre Kritik formulieren sollen und warten daher ab, während der Partner die angespannte Grundstimmung aber bereits wahrnimmt. Wenn Sie diese Stimmung wahrnehmen, zögern Sie nicht, Ihren Partner zu fragen: „Gibt es etwas, das dich bedrückt?“, „Ich habe das Gefühl, dass du angespannt bist? Gibt es etwas, worüber wir reden sollten?“ So machen Sie den ersten Schritt und versuchen nicht, den möglichen Konflikt totzuschweigen. Das funktioniert ohnehin beinahe nie – früher oder später kommt das Thema auf den Tisch. Mit etwas Empathie und Einfühlungsvermögen können Sie diese Stimmungen aufnehmen und mit einer gezielten Nachfrage können Sie verhindern, dass sie sich verfestigen.

Vertrauensaufbau und Intimität fördern

„Die größte Ehre, die man einem Menschen antun kann, ist die, dass man zu ihm Vertrauen hat."
(Matthias Claudius)

Vertrauen ist die Grundlage einer jeden Partnerschaft und unterscheidet diese von den meisten anderen Bekanntschaften. Auch mit Freunden, Kollegen oder Nachbarn kann man eine gute Zeit verbringen, um die Häuser ziehen und schöne Momente erleben, auch mit Bekannten und Verwandten kann man tiefsinnige Gespräche führen, doch würde man diesen Leuten auch intime Einblicke in die eigene Gefühlswelt offenbaren? Würde man wirklich private und persönliche Momente mit ihnen teilen? Vermutlich nicht, denn genau in diesen Momenten benötigt es Vertrauen. Vertrauen bedeutet, dass Sie sich sicher sein können, dass Ihr Gegenüber mit den Informationen, die Sie ihm geben, sorgsam umgeht, dass er sie nicht weitererzählt oder Sie irgendwann damit aufzieht.

In der Regel gehen wir feste Beziehungen mit Menschen nur dann ein, wenn ein gewisses Grundvertrauen gegeben ist. Allerdings kann dieses innerhalb einer Beziehung auch enttäuscht werden, es kann zu Situationen kommen, in denen Sie das Gefühl haben, mit Ihrem Vertrauen zu sorglos umgegangen zu sein. Doch auch nach einem Vertrauensbruch ist die Beziehung noch nicht zwangsläufig zu Ende, es gibt immer die Möglichkeit, das Vertrauen zurückzugewinnen und langfristig zu stärken. Insbesondere weil es so wichtig ist, gibt es eine Vielzahl an alltagstauglichen Übungen, mit deren Hilfe Sie Vertrauen (zurück-) gewinnen und langfristig stärken können.

VERTRAUENSBILDENDE MAẞNAHMEN

Ist das Vertrauen nicht (mehr) vorhanden, kann es durch bestimmte Übungen wiederhergestellt werden. Diese Übungen müssen Sie in jedem Fall gemeinsam durchführen, um das Vertrauen ineinander, d. h. beidseitig, zu stärken. In der Paartherapie ist in diesem Zusammenhang häufig von *vertrauensbildenden Maßnahmen* die Rede.

Vertrauensübungen für Paare

Zur Wiedererlangung von Vertrauen gibt es in der Paartherapie verschiedene Ansätze. Eine Vielzahl von Übungen können Sie auch ohne die Anleitung eines professionellen Therapeuten durchführen; es reicht aus, wenn Sie sich zu zweit hinsetzen und konzentriert und ernsthaft an der Sache arbeiten. Folgende Übungen können Sie zu zweit ohne Probleme durchführen – Sie werden sehen, dass Sie bereits nach einmaligem Durchlauf der vorgeschlagenen Übungen ein Stück weit das Vertrauen in den Partner zurückgewonnen haben.

Vertrauensübungen zur Stärkung der Partnerschaft

- **Eisbrecher:** Der Eisbrecher simuliert eine frühe Phase der Beziehung, nämlich die, in der man sich kennenlernt. Wenn Sie sich in diese Situation hineinversetzen, erleben Sie die Beziehung direkt wieder als unverbrauchter und gleichzeitig unbelasteter. Denn wenn Sie sich gerade erst kennenlernen, kann schließlich noch kein Vertrauensbruch stattgefunden haben. Beim Eisbrecher stellen Sie sich gegenseitig Fragen wie folgende:

- Gibt es irgendeine spannende/lustige Geschichte aus deinem Leben, die du mir noch nicht erzählt hast?

- Welche ist deine liebste Anekdote aus der Kindheit?

- Was wolltest du werden, als du Kind warst?

- Gibt es einen Moment aus deinem Leben, den du noch nicht mit mir geteilt hast, vielleicht aber doch mit mir teilen möchtest?

Selbst bei einer länger anhaltenden Beziehung gibt es mit Sicherheit noch die eine oder andere Begebenheit, die Sie Ihrem Partner noch nie erzählt haben. Öffnen Sie sich und scheuen Sie sich nicht davor, auch etwas Persönliches, eventuell sogar Peinliches, zu erzählen. Denn gerade darauf kommt es schließlich an: Indem Sie einen intimen Einblick gewähren, dem Sie Ihrem Partner bisher vorenthalten haben, schaffen

Sie wiederum Vertrauen: „Ich habe nichts (mehr) vor dir zu verbergen, denn ich kann dir alles erzählen." Antworten Sie so offen und ehrlich wie möglich und schaffen Sie damit wieder Vertrauen in Ihrer Beziehung.

- **Ehrlich sein:** Dass Ehrlichkeit eine wichtige Komponente einer gelungenen Beziehung ist, er-klärt sich von selbst. Doch diese Übung ist explizit dafür gedacht, dem Partner diese Ehrlichkeit auch spüren zu lassen. Beide Partner stellen sich dabei Fragen und der andere muss diese ehrlich beantworten. Dabei darf es sich ruhig um kompliziertere oder unangenehme Fragen handeln.

- Welche Erinnerungen hast du an unser erstes gemeinsames Date?
- Woran denkst du als Erstes, wenn du an deine Kindheit denkst?
- Welches Verhalten würdest du bei mir niemals akzeptieren und warum nicht?
- Warum hast du dich damals in mich verliebt?
- Was würdest du tun, wenn du keinerlei Konsequenzen für dein Handeln fürchten müsstest?

Stellen Sie sich die Fragen im Wechsel und versuchen Sie, diese nach bestem Wissen und Gewissen zu beantworten, ohne dabei zu fürchten, etwas Falsches zu sagen oder sich zu blamieren. Es gibt in diesem Fall keine richtigen und falschen Antworten, sondern nur ehrliche und unehrliche. Die unehrlichen Antworten wird Ihr Partner nach einer gewissen Zeit erkennen, sodass Sie das Vertrauen eher weiter beschädigen, anstatt es zu stärken.

- **Sich fallen lassen:** Diese Übung ist ein Klassiker in der Paartherapie, ein Partner schließt die Augen und lässt sich nach hinten fallen, während der andere direkt hinter dem Partner steht und diesen auffängt.

Diese simple Übung vermittelt Sicherheit, man darf sich fallen lassen, sowohl im tatsächlichen, physischen, als auch im übertragenen Sinne. Man kann Kontrolle an seinen Partner abgeben, ohne dabei Angst haben zu müssen, enttäuscht, also fallen gelassen, zu werden. Diese Übung können Sie beliebig oft wiederholen und auch wechselseitig durchführen, mal lässt sich der eine in die Arme des anderen fallen, dann andersherum. Sollten Sie beide sich hinsichtlich Körpergröße und Gewicht so stark unterscheiden, dass einer von Ihnen den anderen nicht auffangen kann, können Sie das Fallen auch nur andeuten. Lassen Sie sich also nicht mit voller Wucht und vollem Gewicht nach hinten fallen, sondern nur ganz sachte. Sie gleiten also eher in die Arme des Partners, als hineinzufallen. Auch ein symbolisches Fallen im Sitzen kann denselben Effekt erzielen. Sie sitzen beide aufrecht auf der Couch, dann lässt einer den Kopf sachte in die Arme oder in den Schoß des anderen sinken. Sie werden sehen, dass das Gefühl, aufgefangen zu werden, etwas in Ihnen bewirkt und dafür sorgt, dass Sie sich wieder stärker gegenseitig vertrauen.

- **„Was weißt du über mich?":** Eine weitere Möglichkeit, um Vertrauen aufzubauen, ist, sich gegenseitig zu beweisen, dass man sich gut kennt. Mit dieser kleinen Übung finden Sie heraus, was Sie eigentlich bereits über den jeweils anderen wissen. Wenn Sie eine intensive und vertrauensvolle Beziehung geführt haben, bevor das Vertrauen ins Wanken geraten ist, wird das wahrscheinlich eine Menge sein. Klassische Fragen sind zum Beispiel:

- Was macht mich glücklich?
- Wie sähe meine Traumreise aus?
- Wovor habe ich Angst?
- Was sind meine größten Ziele für die Zukunft?

Fragen und antworten Sie dabei immer im Wechsel. Neben diesen eher allgemeinen Fragen können Sie natürlich auch Fragen stellen, die sich explizit auf Ihre Partnerschaft beziehen und Erinnerungen einbeziehen, die nur Sie beide miteinander teilen. So oder so wird die Feststellung, dass Sie viel voneinander wissen und sich auch persönliche Fragen gegenseitig beantworten können, wieder zu einem stärkeren Vertrauen führen.

- **Beziehungstagebuch zur Reflexion:** Schreiben Sie die Fortschritte im Prozess der Rückgewinnung von Vertrauen in einem Beziehungstagebuch auf. So visualisieren Sie die Erfolge und können zudem reflektieren, welche Maßnahmen und Übungen tatsächlich dazu geführt haben, dass Sie das Vertrauen in Ihren Partner wiedergewinnen konnten. Notieren Sie auch, welche Übungen hingegen weniger hilfreich waren. Es kann sinnvoll sein, zwei getrennte Tagebücher zu führen, das heißt, dass jeder der Partner für sich gesondert Notizen anfertigt. Von Zeit zu Zeit gleichen beide dann ihre Einträge in das Beziehungstagebuch ab und beratschlagen daraufhin, welche weiteren Maßnahmen zu treffen sind. Generell empfiehlt sich das genaue Führen des Tagebuchs, wenn es zu Konflikten oder Streitigkeiten in der Beziehung kommt. Etwas aufzuschreiben bedeutet automatisch auch, es zu strukturieren und zu reflektieren. Ist dies erst einmal geschehen, lassen sich zum Beispiel Konfliktgespräche viel einfacher führen, da man selbst genau weiß, welche Punkte man ansprechen möchte und warum.

Nutzen Sie diese Übungen, um langfristig Vertrauen in Ihren Partner zurückzugewinnen. Ist das Vertrauen erst einmal wiederhergestellt, liegt es an beiden Partnern, dies immer wieder zu erneuern, ein abermaliger Vertrauensbruch kann dazu führen, dass das gegenseitige Vertrauen dieses Mal irreversibel beschädigt ist. Bleiben Sie also offen und ehrlich im Umgang miteinander.

Vertrauen stellt sich auch dann ein, wenn beide Partner einander verstehen, wenn sie die Gefühle, die Emotionen und Reaktionen des anderen deuten können. Wir sprechen hier von Empathie oder, noch grundlegender formuliert, von emotionaler Intelligenz. Wenn Sie in der Lage sind, emotionale Reaktionen Ihres Partners zu verstehen, können Sie sich auch in schwierigen Situationen in ihn hineinversetzen, Sie entwickeln ein besseres Verständnis für die Bedürfnisse des Partners als andere Personen, was Sie auf emotionaler Ebene näher an den Partner heranführt und somit auch Vertrauen schafft. Daher wollen wir im folgenden Abschnitt lernen, die emotionale Intelligenz zu stärken.

ÜBUNGEN ZUR EMOTIONALEN INTELLIGENZ

Der Begriff der emotionalen Intelligenz bezieht sich auf die Fähigkeit einer Person, ihre eigenen Emotionen zu erkennen, zu verstehen und angemessen zu *regulieren*, sowie die Fähigkeit, Emotionen bei anderen zu erkennen, zu verstehen und darauf angemessen zu *reagieren*.

Ähnlich wie bei anderen Intelligenzformen auch, bedarf es hierbei zweier Grundvoraussetzungen: einerseits Wissen und andererseits Übung. Konkret heißt das, dass Sie zunächst einmal basale Zusammenhänge verstehen müssen, z. B., dass ein lachender Mensch wahrscheinlich fröhlich ist, ein weinender Mensch hingegen traurig. Auch müssen Sie wissen, dass man an Gesichtszügen eines Menschen Emotionen ablesen kann. Über dieses Wissen verfügen Menschen im Regelfall. Um jedoch kleine Nuancen in den Gesichtszügen zu erkennen, bedarf es einer gewissen Übung. Auch können Emotionen vorgetäuscht sein, ein Lächeln kann aufgesetzt sein, es soll Fröhlichkeit suggerieren, wo aber eigentlich eine negative Emotion von der lächelnden Person empfunden wird.

Um auch diese feinen Unterschiede verstehen zu können, bedarf es der Fähigkeit der Empathie, des Einfühlungsvermögens. Die Empathie ist in jedem von uns angelegt, jedoch in manchen stärker, in manchen schwächer ausgeprägt. Doch wir alle verspüren Mitleid, wenn einem Menschen in unserem Umfeld etwas Schlimmes zustößt; wenn ein Arbeitskollege einen Verwandten verliert; wenn wir im Fernsehen verhungernde Kinder in einer Kriegsregion sehen. In diesen Fällen macht sich die Anlage der Empathie bereits bemerkbar. Doch auch diese Eigenschaft kann weiter trainiert werden. Betrachten wir also einige Übungen zur Stärkung der Empathie.

Übungen: Empathie stärken

- **Auseinandersetzung mit den eigenen Gefühlen:** Empathie bedeutet nichts anderes als Einfühlungsvermögen, Sie lernen also, sich in andere hineinzuversetzen. Um die Gefühle anderer verstehen zu können, ist es jedoch unerlässlich, die eigenen Gefühle zu verstehen. Setzen Sie sich daher mit Ihren eigenen Gefühlen und Empfindungen auseinander und nehmen Sie bewusst wahr, in welchen Situationen welche Gefühle in Ihnen aufkommen. Wenn Sie diese Erkenntnis gewonnen haben, können Sie sich besser und schneller in die Situation anderer Menschen hineinversetzen. Wie denke/fühle ich in einer Situation? Was würde mir in dieser Situation guttun, was würde mir schaden?

- **Beobachtung von anderen Menschen**: Das Beobachten ist ein wesentlicher Bestandteil der Forschung. Sozialwissenschaftler untersuchen gesellschaftliche Prozesse, Physiker beobachten kleine Teilchen und deren Verhalten und Naturforscher beobachten das Verhalten wilder Tiere in ihrem natürlichen Lebensraum. Aus präziser Beobachtung kann man wichtige Erkenntnisse gewinnen. Dies gilt auch für Kommunikation. Nehmen Sie Ihre Mitmenschen im Alltag genauer und gezielter wahr, sei es in der S-Bahn, im Café oder bei einem Spaziergang durch die Stadt. Die Aufmerksamkeit kann hierbei sowohl auf Gespräche als auch auf körpersprachliche Aspekte gerichtet sein. Durch Beobachtung lernen Sie, andere Menschen besser zu verstehen und deren Verhalten einordnen zu können.

- **Ausblenden von Vorurteilen:** Der Jurist und Buchautor Ferdinand von Schirach (* 1964) erzählte in einer Gesprächssendung des Schweizer Rundfunks von Inspirationen für seine Bücher und verwies dabei auf sein Motto „Mehr beobachten, weniger urteilen".

Was von Schirach damit ausdrücken will, ist, dass man bei der Beobachtung seine Vorurteile ausblenden sollte. Nehmen wir an, Sie begegnen einer Person, die auf den ersten Eindruck ungepflegt wirkt. Ihr Vorurteil lautet: „Der ist bestimmt unsauber und daher auch unangenehm, mit solchen Leuten möchte ich nichts zu tun haben." Doch wenn Sie mit diesem Vorurteil an die Begegnung herangehen, verpassen Sie die Gelegenheit, die Person näher kennenzulernen. Jeder Mensch hat gewisse Vorurteile, wichtig ist nur, diese zu reflektieren und sich nicht zu stark von diesen beeinflussen zu lassen. Ansonsten verpassen wir die Gelegenheit, einen Menschen in all seinen Facetten zu begreifen und seine Persönlichkeit kennenzulernen.

- **Verständnis zeigen**: Aus der Beobachtung von und der Offenheit gegenüber anderen Menschen erwächst ein Verständnis. Versuchen Sie, Ihre Mitmenschen tatsächlich zu verstehen, so wie Sie auch sich selbst und Ihre eigenen Motivationen und Ziele versucht haben, zu verstehen. Was treibt Ihren Gesprächspartner an? Warum verhält er sich auf diese Art und Weise in einer bestimmten Situation? Warum hat jemand zum Beispiel Angst, wenn er ein lautes Geräusch hört? Hat er in der Vergangenheit schlechte Erfahrungen gemacht oder stammen seine Eltern aus einer Kriegsregion und haben ihm von Kindesbeinen an erklärt, dass laute Geräusche Gefahr bedeuten? Selbst wenn Sie nicht empfinden können, was Ihr Gegenüber verspürt, können Sie dennoch Rücksicht nehmen: „Ich verstehe, dann gehen wir nicht zusammen auf ein lautes Festival, sondern lieber ins Kino oder ins Café."

Empathie ist also die Grundlage der emotionalen Intelligenz. Wenn Sie so weit sind, dass Sie sich selbst und andere gut verstehen und ein Gefühl für Emotionen entwickelt haben, können Sie tiefgreifender an Ihrer emotionalen Intelligenz feilen. Schließlich können Sie auf diesem Gebiet nicht gut genug sein, denn an zu viel Empathie und emotionaler

Intelligenz ist noch keine Beziehung gescheitert. Emotionale Intelligenz beinhaltet nämlich auch, das richtige Maß zu finden: Empathisch und einfühlsam zu sein, bedeutet nicht, den Partner ständig nach seinen Gefühlen zu fragen oder bei der kleinsten Regung von Erschöpfung, Unmut, Stress etc. zu Hilfe eilen zu wollen. Dies könnte als einengend empfunden werden. Wer emotional intelligent ist, erkennt hingegen auch die Situationen, in denen der Partner lieber für sich sein möchte und die Emotionen ohne Hilfe verarbeiten kann und will.

Übungen: Emotionale Intelligenz stärken

- **Selbstreflexion und Achtsamkeit:** Eine Übung zur Stärkung der emotionalen Intelligenz ist die regelmäßige Selbstreflexion und die Achtsamkeitspraxis. Nehmen Sie sich täglich Zeit, um in sich hineinzuhorchen und Ihre eigenen Emotionen, Gedanken und körperlichen Empfindungen zu beobachten. Dies kann durch Meditation, Tagebuchschreiben oder einfach nur einen Moment der Stille und Achtsamkeit erreicht werden. Indem Sie sich bewusst Zeit für Selbstreflexion und Achtsamkeit nehmen, können Sie Ihre eigenen Emotionen besser erkennen, verstehen und regulieren.

- **Perspektivübernahme und Empathie:** Eine weitere Übung zur Stärkung der emotionalen Intelligenz ist die Entwicklung von Perspektivübernahme und Empathie. Versetzen Sie sich in die Lage anderer Menschen und versuchen Sie, die Welt aus ihrer Perspektive zu sehen. Stellen Sie sich vor, wie es sich anfühlt, in ihren Schuhen zu stehen, und bemühen Sie sich, ihre Gedanken, Gefühle und Bedürfnisse zu verstehen. Dies kann durch Rollenspiele, Geschichtenerzählen oder einfach nur durch aktives Zuhören und einfühlsames Fragen erreicht werden. Indem Sie Ihre Empathiefähigkeit entwickeln, können Sie eine tiefere Verbindung zu anderen Menschen aufbauen und zwischenmenschliche Konflikte besser lösen.

- **Gefühlsausdruck und Kommunikation:** Schließlich ist eine weitere wichtige Übung zur Stärkung der emotionalen Intelligenz die Entwicklung von Gefühlsausdruck und Kommunikation. Lernen Sie, Ihre eigenen Emotionen klar und angemessen auszudrücken, und kommunizieren Sie offen und ehrlich mit anderen über Ihre Gefühle, Bedürfnisse und Wünsche. Dies kann durch Gespräche mit vertrauten Personen, das Schreiben von Gefühlsausdrücken oder die Teilnahme an Kommunikationstrainings erreicht werden. Indem Sie Ihre Fähigkeit zum Gefühlsausdruck und zur Kommunikation verbessern, können Sie eine gesunde und unterstützende zwischenmenschliche Beziehung aufbauen und aufrechterhalten.

Insgesamt sind Selbstreflexion und Achtsamkeit, Perspektivübernahme und Empathie sowie Gefühlsausdruck und Kommunikation wichtige Komponenten der emotionalen Intelligenz und können durch regelmäßige Übung und Bewusstsein gestärkt werden. Indem Sie Ihre emotionale Intelligenz entwickeln, können Sie Ihre zwischenmenschlichen (Paar-) Beziehungen verbessern, Konflikte effektiver lösen und ein erfülltes und harmonischeres Beziehungsleben führen.

AKTIVITÄTEN ZUR STÄRKUNG DER BINDUNG

Das gemeinsame Unternehmen von Aktivitäten kann eine wertvolle Möglichkeit sein, die Bindung zwischen Ihnen und Ihrem Partner zu stärken und die Beziehung zu vertiefen. Durch das Teilen von positiven Erfahrungen und gemeinsamen Interessen können Paare eine engere Verbindung aufbauen und ihre Beziehung auf vielfältige Weise bereichern. Schließlich sind schöne gemeinsame Erinnerungen äußerst wertvoll für eine intakte Beziehung. Wenn Sie sich in einer schwierigen Phase befinden, können Sie auf diese Erinnerungen zurückgreifen. Niemand kann sie Ihnen mehr nehmen. Daher ist das Erleben gemeinsamer Aktivitäten ein wichtiger Teil einer langanhaltenden und glücklichen Beziehung.

Im Folgenden sind fünf Übungen aufgeführt, die Paare dabei unterstützen können, ihre Bindung zu stärken:

Übungen: Gemeinsame Aktivitäten zur Stärkung von Bindungen

- **Gemeinsame Hobbys und Interessen:** Das Teilen gemeinsamer Hobbys und Interessen kann eine ausgezeichnete Möglichkeit sein, die Bindung zwischen Paaren zu stärken. Nehmen Sie sich Zeit, um gemeinsame Aktivitäten zu planen und auszuführen, sei es Kochen, Wandern, Tanzen, Malen oder eine neue Sportart. Indem Sie gemeinsam neue Dinge erleben und Erfahrungen teilen, können Sie Ihre Beziehung vertiefen und eine gemeinsame Basis für die Zukunft schaffen.

- **Regelmäßige Date Nights:** Das Planen und Durchführen regelmäßiger Date Nights kann eine effektive Möglichkeit sein, die Romantik in einer Beziehung aufrechtzuerhalten und die Bindung zwischen Paaren zu stärken. Nehmen Sie sich bewusst Zeit füreinander, sei es für ein romantisches Abendessen, einen Filmabend zu Hause oder einen Spaziergang im Park. Die Date Nights sollten dabei Ihrer Idealvorstellung von Romantik entsprechen. Ebenso können Sie Ihr erstes Date nachstellen oder so tun, als würden Sie sich das erste Mal begegnen. Der romantischen Phantasie sind hier keine Grenzen gesetzt. Indem Sie regelmäßig Zeit füreinander reservieren und sich gegenseitig widmen, können Sie Ihre Liebe und Zuneigung füreinander zum Ausdruck bringen und eine tiefere Verbindung herstellen.

- **Beziehungscoaching:** Die Teilnahme an einem professionell angeleiteten Beziehungscoaching kann eine wertvolle Möglichkeit sein, die Bindung zwischen Paaren zu stärken und Konflikte konstruktiv zu lösen. Durch die Zusammenarbeit mit einem kompetenten Coach, der auf Ihre persönlichen Konfliktthemen oder Streitpunkte eingeht, können Sie Ihre Kommunikationsfähigkeiten und den gemeinsamen Umgang mit Beziehungskrisen verbessern, Konflikte konstruktiv angehen und gemeinsame Ziele und Werte klären. Indem Sie sich gemeinsam auf den Gesprächs- und Beratungsprozess einlassen, können Sie eine stabilere Grundlage für Ihre gemeinsame Zukunft schaffen.

- **Gemeinsame Reisen und Abenteuer:** Das gemeinsame Planen und Durchführen von Reisen und Abenteuern ist eine aufregende Option, um neue Erfahrungen zu sammeln und zahlreiche lebendige Erinnerungen zu schaffen. Nehmen Sie sich eine gewisse Zeit, um gemeinsam neue Orte zu entdecken und Abenteuer zu erleben, sei es eine internationale Reise, ein Campingausflug oder ein Wochenendtrip in eine nahegelegene Stadt. Je nach Vorlieben, Interessen und natürlich auch dem Budget kann die Reise auf viele verschiedene Arten gestaltet werden. Indem Sie gemeinsam neue Kulturen erkunden, unbekannte Sprachen lernen, über unbefestigte Straßen fahren oder sonstige Herausforderungen meistern, können Sie Ihre Beziehung aufregend und dynamisch halten und unvergessliche Erinnerungen schaffen, an die Sie Ihr gesamtes (Beziehungs-) Leben zurückdenken werden.

- **Gemeinsame Ziele setzen und erreichen:** Das Festlegen und das Verfolgen gemeinsamer Ziele können eine effektive Möglichkeit sein, die Bindung zwischen Paaren zu stärken und eine gemeinsame Vision für die Zukunft zu entwickeln. Nehmen Sie sich Zeit, um gemeinsam Ziele zu setzen und Strategien zu entwickeln, um sie zu erreichen, sei es beruflich, finanziell oder persönlich.

Indem Sie gemeinsam an Ihren Zielen arbeiten und Hindernisse gemeinsam überwinden, können Sie Ihre Beziehung vertiefen und ein Gefühl von Partnerschaft und Zusammengehörigkeit fördern.

Alles in allem sind gemeinsame Aktivitäten eine wichtige Möglichkeit, die Bindung zwischen Paaren zu stärken und die Beziehung zu vertiefen. Indem Sie Zeit und Energie in Ihre Beziehung investieren und sich gemeinsam neuen Herausforderungen stellen, können Sie Ihre Liebe und Verbundenheit füreinander stärken und eine erfüllte und glückliche Partnerschaft aufbauen.

Partnerschafsziele und gemeinsame Ziele

„Viele sind hartnäckig in Bezug auf den einmal eingeschlagenen Weg, wenige in Bezug auf das Ziel.“
(Friedrich Nietzsche)

Sie kennen sicherlich das Gefühl, ziellos zu sein, keinen wirklichen Plan zu haben, wohin Sie möchten. Das Gefühl haben die meisten von uns zum Beispiel nach ihrer Schulzeit schon einmal verspürt. Was soll ich nun tun? Was sind meine Ziele? Eine Auszeit machen und die Welt bereisen, eine Ausbildung anfangen oder vielleicht doch lieber studieren? Auch bei der späteren Berufswahl tun sich eine Menge verschiedener Optionen auf. Es fällt einem schwer, sich aus diesen etwas auszusuchen. Auch fragt man sich vielleicht, wo man sich in 10 Jahren sieht. Diese Frage lässt sich ebenfalls nur schwer beantworten.

Das Gefühl, keinen Plan zu haben, kann aber zeitweise sogar befreiend wirken. Phasenweise mag es nicht schlimm sein, einfach in den Tag hineinzuleben. Doch auf Dauer benötigt der Mensch feste Strukturen und ein Ziel vor Augen, ansonsten verschwimmt unser Alltag. Er wird nicht mehr greifbar und das Fehlen von Strukturen stellt eher eine Belastung als eine Bereicherung dar. Ähnlich verhält es sich mit einer Beziehung: Dauerhaft ohne Plan dazustehen und nicht zu wissen, in welche Richtung sich eine Beziehung entwickelt, wird auf lange Sicht hin eher zur Belastungsprobe für die Partnerschaft. Klare gemeinsame Ziele verleihen Ihrer Zukunft eine konkrete Perspektive. Setzen Sie sich daher gemeinsame Ziele als Paar und arbeiten Sie daran, diese auch zu erreichen.

WICHTIGKEIT GEMEINSAMER ZIELE IN DER BEZIEHUNG

Wir haben bereits angesprochen, dass es in einer Partnerschaft essenziell ist, gemeinsame Ziele zu finden und auf diese Ziele hinzuarbeiten. Eine gemeinsame Mission zu haben, schafft für viele Paare einen Antrieb, dessen Auswirkung nicht zu unterschätzen ist. Vorfreude und das gemein-same Arbeiten an einem Projekt sind Faktoren, die eine Bindung auf emotionaler Ebene stärken. Vielleicht kennen Sie das aus Ihren Erfahrungen im Beruf: Wenn Sie gemeinsam mit einem Kollegen ein schwieriges Projekt bearbeiten, sich genaue Ziele setzen und diese schließlich dank Ihrer guten und engen Zusammenarbeit auch erfüllen, schweißt Sie das enorm mit diesem Kollegen zusammen. Sie haben folglich stets dieses gemeinsame Projekt im Hinterkopf. Auch denken Sie vermutlich gerne an diese Zeit zurück.

Dies sollte auch das Ziel für Ihre Partnerschaft werden: ein gemeinsames Projekt, gemeinsame Erinnerungen daran, was Sie zusammen geschafft haben, und zudem das Gefühl, als Paar etwas erreichen zu können.

Wie bereits angesprochen, bedarf es dafür eines konkreten Plans. Ungefähre Vorstellungen davon, dass man irgendwann einmal irgendetwas zusammen machen möchte, reichen nicht aus, um das Fundament, auf dem Ihre Partnerschaft steht, zu verdicken und somit stabiler zu gestalten. Beantworten Sie daher bei der Erstellung Ihres Plans die klassischen W-Fragen:

W-Fragen:

- **Was?** Was wollen Sie gemeinsam erreichen? Was ist Ihr Projekt? Wichtig dabei ist, dass Sie sich ein realistisches Ziel setzen, also eines, welches praktisch umgesetzt werden kann. Ansonsten ist Ihr Plan nicht mehr als ein Luftschloss. Wenn Sie sich also als Ziel setzen, gemeinsam zum Mond zu fliegen, werden Sie dieses höchstwahrscheinlich nie erreichen. Zum Zweiten sollte Ihr gemeinsames Ziel etwas mit Ihnen als Menschen zu tun haben. Wenn Sie beide in der Großstadt leben und keinen großen Baum in Ihrer Umgebung vorfinden, ist beispielsweise das Projekt „ein Baumhaus bauen" weniger sinnvoll, als wenn Sie in einem ländlichen Gebiet leben, in dem es viele Bäume gibt und Sie zudem noch ein Kind haben, das gerne auf Bäume klettert.

Ihr gemeinsames Projekt soll keine auf dem Reißbrett entworfene Übung zur Beziehungsarbeit sein, sondern Ihre individuelle Beziehung tatsächlich stärken. Suchen Sie sich daher also etwas, das zu Ihnen passt und auf das Sie beide Lust haben.

• **Wann?** Setzen Sie sich einen festen Zeitpunkt, bis zu dem Sie das Ziel Ihres gemeinsamen Projektes erreicht haben wollen. Es muss sich dabei nicht um ein exaktes Datum handeln, aber zumindest um einen grob definierten Zeitraum: „nächsten Sommer", „Ende 2024", „bis zur Geburt unseres Kindes", etc. Die genaue zeitliche Festlegung verhindert, dass Sie Ihr Ziel aus den Augen verlieren und die erforderlichen Schritte immer wieder nach hinten verschieben. Sie kennen dies sicher noch aus Ihrer Schulzeit oder vielleicht auch aus dem Arbeitskontext: Je länger eine Frist, desto eher neigt man dazu, zu trödeln und den Fokus zu verlieren.

Setzen Sie sich also einen konkreten Zeitplan und versuchen Sie bestmöglich, diesen einzuhalten.

• **Wie?** Auch das Wie ist entscheidend, also die Art und Weise der Umsetzung. Legen Sie fest, wie Sie Ihr Projekt verwirklichen wollen. Wenn Sie etwas bauen, kann das zum Beispiel bedeuten, dass Sie die Materialien und die Bauweise bestimmen. Wenn Sie eine Reise planen, heißt es, die entsprechenden Transportmittel (Zug, Auto, Flugzeug) zu eruieren.

Wenn Sie sich von vornherein über das „Wie" im Klaren sind, vermeiden Sie böse Überraschungen. Dazu zählt etwa die Feststellung, dass Ihr Projekt auf dem Papier zwar wunderbar ausgesehen hat, Sie aber praktisch nicht die Kapazitäten, Materialien oder finanziellen Mittel dazu haben, es in die Tat umzusetzen. Außerdem nimmt Ihr Plan durch die genaue Definition des Wie konkretere Formen an und schafft somit eine höhere Verbindlichkeit.

• **Warum?** Machen Sie sich beide bewusst, wozu Sie Ihr gemeinsames Ziel definieren. Dies können verschiedene Gründe sein, wie zum Beispiel „Wir wollen einen Baum im Garten pflanzen, um unserem Kind eine etwas natürlichere Umgebung zu bieten" oder aber auch „Wir machen etwas gemeinsam, um unsere Beziehung zu stärken und unsere Konflikte beizulegen". Der Grund, warum man etwas tut, ist essentiell für die Motivation. Auch hier heißt es, von der Pädagogik zu lernen. Wenn man Kindern den Sinn einer Arbeit oder eines Lerninhalts erklärt, sind diese motivierter und in der Regel auch produktiver, als wenn man bloß von ihnen verlangt, etwas zu tun, „weil es im Lehrplan steht".

Gehen wir an dieser Stelle noch einmal auf die Perspektive der Beziehung ein. Wir haben eingangs festgestellt, dass die Frage, wo wir uns in 10 Jahren sehen, oft nur schwierig zu beantworten ist. Doch warum eigentlich? Wenn Sie einen Menschen gefunden haben, mit dem Sie langfristig zusammen sein möchten, sind 10 Jahre schließlich ein überschaubarer Zeitraum. Daher bietet sich folgende Übung zur gemeinsamen partnerschaftlichen Zielsetzung an:

Übung: In 10 Jahren möchte ich ...

Eine klassische Übung, die Ihnen bei der Entwicklung gemeinsamer Perspektiven hilft, ist das Gedankenexperiment. Sie denken dabei an eine nahe Zukunft, der Zeitraum ist dabei flexibel wählbar, zwar werden meist 10 Jahre genommen, da diese Zeit noch überschaubar ist, aber dennoch weit genug in der Zukunft liegt, um von einer wirklich langfristigen Perspektive sprechen zu können, doch genauso gut können Sie 5 oder 15 Jahre als Bezugsgröße wählen.

Bei dieser Übung dürfen Sie frei assoziieren. Achten Sie im ersten Schritt nicht zwangsläufig darauf, wie realistisch die genannten Ziele oder Wünsche sind, wichtig ist nur, dass sie grundsätzlich möglich sind. Aussagen wie „... möchte ich auf dem Mars leben" oder „... möchte ich unsterblich sein" sind daher keine besonders guten Zielformulierungen.

Bleiben Sie im Rahmen des Möglichen, aber seien Sie dennoch kreativ und sprechen Sie aus, was Sie wirklich möchten. Am besten wechseln Sie und Ihr Partner sich dabei ab. Erst formuliert der eine ein persönliches Ziel, dann der andere.

Erst nach dieser freien Assoziationsrunde beginnen Sie mit der Reflexion. Hierzu nehmen Sie im ersten Schritt die gemeinsamen Ziele heraus, also diejenigen, denen beide Partner zustimmen würden. Danach beschäftigen Sie sich mit den divergierenden Zielen. Warum ist es ihm wichtig, ein Haus zu bauen, ihr aber nicht? Am Ende dieser Runde sind Sie idealerweise zu Kompromissen gelangt. Die jetzt noch übrig gebliebenen Ziele und Perspektiven werden im nächsten Schritt anhand der W-Fragen konkretisiert, die wir im Verlauf dieses Ratgebers bereits kennengelernt haben.

Gemeinsam zu träumen und gemeinsam Pläne zu schmieden, hat etwas Romantisches und verbindet beide Partner geistig. Sich etwas zusammen auszumalen, ist eine positive Art und Weise, Resonanz zu erzeugen, teilen doch schon kleine Kinder oftmals ihre Ideen miteinander und spielen gemeinsam „Mutter-Vater-Kind" oder „Kaufladen" und tauchen somit in eine geteilte Fantasiewelt ein – denn alleine macht Träumen nicht so viel Spaß. Wenn Sie gemeinsam Pläne schmieden, entwickeln Sie also nicht nur eine konkrete Perspektive für die Zukunft, sondern verbringen auch schöne, intime (resonante) Momente miteinander.

SELBSTPFLEGE

Selbstpflege ist ein wesentlicher Bestandteil einer gesunden Beziehung und bezieht sich auf die bewusste und regelmäßige Fürsorge für das eigene körperliche, emotionale und geistige Wohlbefinden. Es geht darum, sich selbst zu achten, sich Zeit für sich selbst zu nehmen und die eigenen Bedürfnisse ernst zu nehmen, um so die eigene Gesundheit und Lebensqualität zu fördern. In einer Partnerschaft ist Selbstpflege nicht nur wichtig für das individuelle Wohlbefinden jedes Partners, sondern auch für die Gesundheit der Beziehung als Ganzes.

Selbstpflege kann viele Formen annehmen und umfasst eine Vielzahl von Aktivitäten, die dazu beitragen, das körperliche, emotionale und geistige Wohlbefinden zu fördern. Dazu gehören:

- körperliche Bewegung,
- gesunde Ernährung,
- ausreichend Schlaf,
- Stressmanagement,
- Achtsamkeitspraktiken,
- Selbstreflexion und
- Selbstfürsorge.

Eine Möglichkeit, Selbstpflege als Paar zu praktizieren, besteht darin, gemeinsam Aktivitäten zu planen und durchzuführen, die das individuelle Wohlbefinden jedes Partners fördern und gleichzeitig die Beziehung stärken. Hier sind drei Übungen, die Paare im Alltag praktizieren können, um Selbstpflege zu fördern:

Übungen: Selbstpflege als Paar

1. Gemeinsame Sport- oder Bewegungsaktivitäten: Regelmäßige körperliche Bewegung ist ein wichtiger Bestandteil der Selbstpflege und kann dazu beitragen, Stress abzubauen, die Stimmung zu verbessern und die körperliche Gesundheit zu fördern. Als Paar können Sie gemeinsam Aktivitäten planen, die Ihnen beiden Freude bereiten und gleichzeitig Ihre körperliche Fitness fördern, sei es durch gemeinsames Joggen, Fahrradfahren, Wandern oder Yoga. Indem Sie regelmäßig Zeit für gemeinsame Sport- oder Bewegungsaktivitäten reservieren, können Sie nicht nur Ihre körperliche Gesundheit verbessern, sondern auch Ihre Beziehung stärken und gemeinsame Erlebnisse teilen.

2. Gemeinsame Entspannungs- und Achtsamkeitspraktiken: Entspannungs- und Achtsamkeitspraktiken sind wichtige Werkzeuge zur Förderung von Selbstpflege und Stressbewältigung. Als Paar können Sie gemeinsam Entspannungs- und Achtsamkeitspraktiken wie Meditation, Atemübungen oder Entspannungstechniken ausprobieren. Nehmen Sie sich regelmäßig Zeit, um gemeinsam zu entspannen und zur Ruhe zu kommen, sei es durch gemeinsame Meditationssitzungen am Morgen oder Abend, durch gemeinsame Yogaübungen oder durch Spaziergänge in der Natur. Indem Sie gemeinsam Entspannungs- und Achtsamkeitspraktiken praktizieren, können Sie nicht nur Ihre individuelle Stressbewältigung fördern, sondern auch Ihre Beziehung stärken und eine gemeinsame Basis für die Bewältigung von Herausforderungen schaffen.

3. Gemeinsame Selbstfürsorge-Rituale: Selbstfürsorge umfasst eine Vielzahl von Aktivitäten, die dazu beitragen, das emotionale und geistige Wohlbefinden zu fördern, wie zum Beispiel das Lesen eines Buches, das Hören von Musik, das Schreiben in einem Tagebuch oder das Genießen eines entspannenden Bades. Als Paar können Sie gemeinsam Selbstfürsorge-Rituale entwickeln und durchführen, um sich gegenseitig zu unterstützen und zu ermutigen, sich Zeit für sich selbst zu nehmen und die eigenen Bedürfnisse zu erfüllen. Nehmen Sie sich regelmäßig Zeit für gemeinsame Selbstfürsorge-Aktivitäten, sei es durch gemeinsame Leseabende, Musikhören oder gegenseitige Massage, und genießen Sie die gemeinsame Zeit und die Unterstützung des Partners bei der Selbstfürsorge.

Insgesamt ist Selbstpflege ein wichtiger Aspekt einer gesunden Beziehung und umfasst eine Vielzahl von Aktivitäten, die dazu beitragen, das individuelle Wohlbefinden jedes Partners zu fördern und gleichzeitig die Beziehung zu stärken. Als Paar können Sie gemeinsam Aktivitäten planen und durchführen, die Ihre Selbstpflege fördern und Ihnen helfen, eine gesunde und unterstützende Partnerschaft aufzubauen. Ebenfalls entscheidend hierfür ist die *Achtsamkeit* in einer Beziehung.

ÜBUNGEN ZUR GEMEINSAMEN ACHTSAMKEIT

Achtsamkeit beschreibt die bewusste und nicht wertende Wahrnehmung des gegenwärtigen Moments, also einen Zustand der Offenheit und Toleranz für das, was gerade passiert. Diese Offenheit kann eine bedeutende Rolle in einer Partnerschaft spielen, um die Verbindung zu vertiefen, die Kommunikation zu verbessern und das Wohlbefinden beider Partner zu fördern.

Schließlich sind Sie vertraut und sogar bisweilen intim miteinander. Das heißt aber auch, dass Sie den Partner gegebenenfalls in schwierigen und unangenehmen Situationen erleben. Wenn Sie in diesen Situationen zu stark werten (z. B. „Du solltest das nicht tun", „Dein Verhalten war nicht in Ordnung"), treten potenzielle Konflikte auf. Daher ist es wichtig, dass Sie nicht in erster Linie wertend, sondern mitfühlend mit dem Partner umgehen. Je besser Sie sich in ihn hineinversetzen können, desto mehr Mitgefühl und Verständnis bringen Sie auf. Achtsamkeit ist also ein wichtiger Grundstein für ein harmonisches und verständnisvolles Miteinander in der Beziehung.

Praxistipp:

Auch hier kann ein Tagebuch mit täglichen Notizen überaus hilfreich sein. Lernen Sie Achtsamkeit und versuchen Sie, Ihre eigenen Gefühle bewusster wahrzunehmen, indem Sie in Ihr Tagebuch notieren, wie es Ihnen geht bzw. wie Sie sich fühlen und welche Umstände zu diesem Gefühl geführt haben.

Beispiel: „Heute geht es mir nicht gut. Ich fühle mich unsicher und nervös. Wahrscheinlich hängt das mit dem Personalgespräch Ende der Woche zusammen. Ich habe bereits von Kollegen gehört, dass die neue Chefin sehr kritisch sein soll."

Mit dieser Notiz beschreiben Sie Ihr Gefühl und nennen zugleich die Ursache. Sie wissen nun also, *wie* Sie sich fühlen und *warum*. Versuchen Sie nun, das Gefühl bewusst zuzulassen, aber versuchen Sie gleichzeitig auch, sich zu beruhigen. Notieren Sie: *„Was hilft mir, um abzuschalten / um ruhiger zu werden? Wo kann ich mich entspannen?"*

Die bereits angesprochenen Atemübungen können Ihnen zum Beispiel dabei helfen, sich zu beruhigen, oder Sie treffen sich mit Freunden oder besuchen das Kino, um ein wenig Ablenkung zu schaffen. Wenn Sie Ihre Gefühle zulassen und reflektieren, können Sie an ihnen arbeiten. Wenn Sie sie unterdrücken, entsteht ein Gefühlsstau. Daher ist das Führen eines Gefühls-Tagebuchs ein Schritt in Richtung Positivität und damit auch zu einer positiveren Kommunikation.

Beide Partner sollten also für sich achtsam dem anderen gegenüber sein. Im besten Falle führen Sie jedoch Übungen als Paar aus, sodass Sie nicht nur einzeln Empathie und Achtsamkeit stärken, sondern sich in diesem Prozess direkt aufeinander einspielen. Durch gemeinsame Achtsamkeitsübungen können Paare ihre Fähigkeit zur Präsenz im Hier und Jetzt stärken und eine tiefere Verbindung zueinander aufbauen. Folgende alltagstaugliche Übungen unterstützen Sie in diesem Prozess:

Übungen: Achtsamkeitsübungen für Paare

- **Gemeinsame Atemübungen:** Atemübungen sind eine einfache und wirksame Möglichkeit, um die Verbindung zwischen Paaren zu vertiefen. Setzen Sie sich dazu bequem gegenüber oder nebeneinander hin und schließen Sie sanft die Augen. Beginnen Sie, Ihre Aufmerksamkeit auf Ihren Atem zu lenken, indem Sie spüren, wie er in Ihren Körper ein- und ausströmt. Atmen Sie gemeinsam langsam und tief ein und aus und synchronisieren Sie dabei Ihre Atemzüge. Spüren Sie die Verbindung und Nähe, die durch das gemeinsame Atmen entsteht, lassen Sie sich von diesem Moment der Verbundenheit tragen und wiederholen Sie diesen Prozess einige Male. Sie werden sehen, dass Sie anschließend eine stärkere physische und mentale Verbundenheit zwischen sich spüren.

- **Gemeinsame Naturbeobachtung:** Die Natur bietet eine wunderbare Möglichkeit, Achtsamkeit zu praktizieren und die Sinne zu öffnen. Nehmen Sie sich gemeinsam Zeit für einen Spaziergang in der Natur und lassen Sie sich von den Schönheiten und Wundern der Umgebung inspirieren. Spüren Sie den Wind auf Ihrer Haut, hören Sie das Rauschen der Blätter und das Singen der Vögel, riechen Sie den Duft von Blumen und Erde. Beobachten Sie gemeinsam die Natur und teilen Sie Ihre Eindrücke und Empfindungen miteinander. Durch das bewusste Wahrnehmen schärfen Sie Ihre Sinne und Ihre Wahrnehmung sowohl für die Umgebung als auch füreinander. Suchen Sie die Natur dabei bewusst auf, auch wenn Sie in einem städtischen Gebiet leben. Ein kurzer Ausflug ins Grüne hat noch niemandem geschadet – im Gegenteil. Eine Stärkung der Sinne und der Naturverbundenheit bietet eine wunderbare Möglichkeit, die Wahrnehmung füreinander zu stärken und die Sinne zu weiten.

- **Gemeinsames Achtsamkeitsessen:** Essen ist eine alltägliche Handlung, die oft im hektischen Alltag schnell und gedankenlos erfolgt. Durch gemeinsames Achtsamkeitsessen können Paare jedoch bewusst den Moment des Essens erleben und ihre Verbundenheit zueinander vertiefen. Bereiten Sie gemeinsam eine Mahlzeit vor und setzen Sie sich bewusst hin, um sie zu genießen. Nehmen Sie sich Zeit, um das Essen zu betrachten, die Aromen zu riechen, die Textur zu spüren und den Geschmack zu schmecken. Essen Sie langsam und bewusst, ohne Ablenkung durch Technologie oder Gespräche. Teilen Sie Ihre Eindrücke und Empfindungen miteinander und genießen Sie die gemeinsame Zeit und das bewusste Erleben des Essens. Je nachdem, wie romantisch Sie es mögen, können Sie das Essen auch entsprechend anrichten, z. B. mit Kerzenschein, leiser Hintergrundmusik oder garniert mit einem Glas Wein. Richten Sie sich nach Ihren Präferenzen – erlaubt ist, was Ihnen beiden gefällt.

Die hier vorgestellten gemeinsamen Übungen können Paaren helfen, die Verbundenheit zueinander zu vertiefen, Konflikten durch ein verstärktes Verständnis des anderen vorzubeugen, die Kommunikation zu verbessern und die Zuneigung zueinander zu fördern. Führen Sie die beschriebenen Techniken gemeinsam durch und lassen Sie sich dabei voll und ganz auf den anderen ein.

Nun haben Sie verschiedene Übungen zur Selbstpflege und Achtsamkeit kennengelernt, mit denen Sie die Beziehungsgrundlage stärken können. Ist diese Grundlage erst einmal gelegt, können Sie schließlich zusammen an Plänen für Ihre gemeinsame Zukunft feilen. Stellen Sie sich den Aufbau der Beziehung dabei vor wie den Aufbau eines Hauses. Zunächst einmal bedarf es eines soliden Fundaments, auf dem Sie dann Schritt für Schritt die Mauern errichten. Diese Mauern tragen das Haus, bis schließlich am Ende das Dach die Beziehung beschließt. Sehen Sie die gemeinsamen Pläne als Mauern an, die eine langfristige Beziehungsperspektive durch ihre Tragfähigkeit erst ermöglichen.

Aktivitäten zur Stärkung der Bindung

„Eine dauernde Bindung zu einer Frau ist nur möglich, wenn man im Theater über dasselbe lacht, wenn man gemeinsam schweigen kann, wenn man gemeinsam trauert. Sonst geht es schief."
(Kurt Tucholsky)

Bindung ist eines der wesentlichen Gefühle und einer der wesentlichen Gründe, warum die meisten Menschen sich nach Partnerschaften sehnen – das Gefühl, mit jemandem eng verbunden zu sein, wird von beiden Partnern im Normalfall als überaus bereichernd wahrgenommen. Doch wie genau entsteht diese intime Verbundenheit? Wir haben bereits über den Aspekt des Vertrauens gesprochen, es gibt jedoch eine weitere wichtige Komponente für das Entstehen und Fortbestehen von Bindungen: Gemeinsamkeiten. Wenn Sie gemeinsame Interessen oder Leidenschaften teilen, entstehen ein reger Austausch und die Möglichkeit, gemeinsam wunderschöne Momente zu erleben. Zwar muss man auch als Paar nicht immer alles zusammen erleben, um eine gesunde Bindung aufzubauen, ohne gemeinsame Interessen oder Hobbys kann eine Beziehung jedoch auch kompliziert werden – es fehlt die partnerschaftliche Grundlage. Sollten Sie also das Gefühl haben, dass Sie in Ihrer Partnerschaft nicht weiterkommen und die Stärke der Bindung mit der Zeit abnimmt, können gemeinsame Hobbys und Interessen einen wertvollen Baustein darstellen, um der Beziehung eine neue Dynamik und Verbundenheit zu verleihen.

GEMEINSAME HOBBYS UND INTERESSEN ENTDECKEN

Das Entdecken und das Ausüben gemeinsamer Hobbys und Interessen sind bedeutende Aspekte für die Stärkung der Paarbindung in einer Beziehung. Gemeinsame Aktivitäten ermöglichen es Paaren, Zeit miteinander zu verbringen, gemeinsame Erlebnisse zu teilen und neue Facetten des Partners kennenzulernen – insbesondere bei Abenteuern, die Sie gemeinsam erleben, entdecken Sie Eigenschaften und Stärken an Ihrem Partner, die Sie zuvor noch nicht kannten. Sie fördern nicht nur die emotionale Verbundenheit, sondern bieten auch die Möglichkeit, gemeinsam zu wachsen und sich weiterzuentwickeln. Dieser Aspekt ist eng verbunden mit den gemeinsamen Zielen, die Sie in der Partnerschaft haben sollten. Suchen Sie sich ein gemeinsames Hobby, bei dem Sie beide einen gewissen Ehrgeiz verspüren, besser zu werden. Sie trainieren dann gemeinsam und arbeiten daran, besser zu werden, verbringen so Zeit zusammen und pushen sich gegenseitig.

Hier sind einige Beispiele für Hobbys und Interessen, denen Paare gemeinsam nachgehen können:

- **Sport und körperliche Aktivitäten:** Das gemeinsame Ausüben von Sport und körperlichen Aktivitäten kann nicht nur die körperliche Gesundheit fördern, sondern auch die emotionale Bindung stärken. Ob es sich um gemeinsames Joggen, Fahrradfahren, Wandern, Schwimmen oder Tanzen handelt, das Teilen von körperlicher Aktivität kann ein Gefühl der Zusammengehörigkeit und Teamarbeit schaffen. Darüber hinaus können Paare durch das Erreichen von Fitnesszielen gemeinsame Erfolgserlebnisse teilen und sich gegenseitig motivieren. Suchen Sie sich hierzu eine Sportart aus, die Ihnen beiden Spaß macht und die Ihnen beiden eine Herausforderung bieten kann. Es ist dabei hilfreich, wenn beide Partner ungefähr auf demselben Level sind. Wenn einer der beiden Partner bereits Profi in dieser Sportart ist, während der andere über keinerlei Erfahrung verfügt, kann es mit dem Erreichen gemeinsamer Ziele schwierig werden. Bleiben Sie konsequent am Ball und führen Sie sportliche Aktivitäten regelmäßig durch. Nur so erzielen Sie am Ende die gewünschten Fortschritte.

- **Kochen und Backen:** Das gemeinsame Zubereiten von Mahlzeiten kann eine unterhaltsame und entspannte Möglichkeit sein, Zeit miteinander zu verbringen und gemeinsam etwas Leckeres zu schaffen. Seien Sie dabei kreativ und probieren Sie neue Gerichte aus, die Sie zusammen entdecken und probieren. Auf diese Art und Weise bringen Sie Abwechslung in die Beziehung und unternehmen dabei etwas gemeinsam. „Liebe geht durch den Magen“ sagt der Volksmund nicht zu Unrecht, denn gemeinsam zu essen, kann die Verbundenheit in hohem Maße fördern. Wenn Sie diese Übung noch erweitern wollen, können Sie auch die Einkäufe zusammen erledigen. Planen Sie gemeinsam, was Sie kochen möchten, und kaufen Sie die Zutaten ein. Kochen und Backen bedeuten Teamwork: Teilen Sie die Aufgaben auf und unterstützen Sie sich so gegenseitig dabei, das bestmögliche und leckerste Ergebnis zu erzielen. Ob Sie neue Rezepte ausprobieren, zusammen einkaufen oder sich beim Kochen gegenseitig unterstützen, das gemeinsame Kochen oder Backen kann nicht nur die kulinarischen Fähigkeiten verbessern, sondern auch das Gefühl der Zusammengehörigkeit stärken.

- **Kunst und Kreativität:** Das gemeinsame Ausüben künstlerischer oder handwerklicher Aktivitäten kann eine inspirierende und bereichernde Erfahrung für Paare sein. Ob es sich um Malen, Zeichnen, Töpfern, Fotografieren, Basteln oder Musikmachen handelt: Das Teilen kreativer Ausdrucksformen ermöglicht es Paaren, sich auf einer tieferen Ebene zu verbinden und ihre künstlerische Seite zu entdecken. Gemeinsame Kunstprojekte können auch dazu beitragen, neue Fähigkeiten zu entwickeln und das Verständnis für die Perspektive des Partners zu vertiefen. Wenn Sie beide oder einer von Ihnen keine Begabung oder kein Interesse daran hat, sich selbst künstlerisch zu verwirklichen, kann auch das gemeinsame Erleben von Kunst die Bindung stärken. Gehen Sie gemeinsam ins Theater, besuchen Sie eine Ausstellung oder schauen Sie sich einen spannenden Film im Kino an. Das bewusste gemeinsame Erleben bietet Ihnen die Möglichkeit, sich im Anschluss über das Gesehene auszutauschen und so tiefgründige Gespräche miteinander zu führen.

- **Reisen und Abenteuer:** Das gemeinsame Erkunden neuer Orte und das Erleben von Abenteuern kann eine aufregende und unvergessliche Möglichkeit sein, die Beziehung zu bereichern. Ob es sich um Wochenendausflüge, Kurzurlaube oder längere Reisen handelt, das Teilen von Reiseerlebnissen ermöglicht es Paaren, gemeinsame Erinnerungen zu schaffen, sich neuen Kulturen und Traditionen zu öffnen und gemeinsam neue Herausforderungen zu meistern. Egal, ob Sie Reiseerfahrungen teilen, gemeinsam Fotos betrachten oder die Wohnung mit Erinnerungsstücken dekorieren, Sie werden sich in erster Linie stets an die gemeinsame Zeit und das gemeinsam Erlebte erinnern. Diese Erinnerung schafft ein hohes Maß an Bindung und kann Ihnen von niemandem mehr genommen werden. In Krisenzeiten können Ihnen diese Erinnerungen enorm helfen, Sie stellen nicht die gesamte Beziehung infrage, weil Sie sich an schöne Erlebnisse erinnern können.

Darüber hinaus kann das Reisen auch dazu beitragen, die Kommunikation zu verbessern, denn in fremden Sprachen muss man sich meist „durchschlagen" – da hilft es enorm, wenn ein Partner noch ein paar Brocken Französisch spricht, der andere zumindest ein wenig Spanisch versteht oder einer der beiden Partner kein Problem damit hat, einen Einheimischen mit Händen und Füßen nach dem nächsten Restaurant oder der Bushaltestelle zu fragen. Des Weiteren kann es auf Reisen auch zu Konflikten kommen, diese zu lösen, schweißt aber ebenfalls zusammen, und sie werden im Nachhinein meist eher als positive denn als negative Erfahrungen verbucht.

- **Lesen und Bildung:** Das gemeinsame Lesen von Büchern, das Anschauen von Dokumentationen oder das Besuchen von Vorträgen und Workshops kann eine bereichernde Möglichkeit sein, gemeinsam Wissen zu erweitern und sich intellektuell weiterzuentwickeln. Auch hier bietet sich in erster Linie die Gelegenheit einer gemeinsamen Diskussion und Besprechung des Gelesenen oder Gehörten. Wenn Sie durch Ihren Partner einen klugen Input erhalten, fördert das die Beziehung enorm. Durch das Teilen von Gedanken und Ideen zu bestimmten Themen können Paare neue Einsichten gewinnen, interessante Diskussionen führen und ihre geistige Verbundenheit vertiefen, somit ergänzen Sie sich gegenseitig und gewinnen dabei noch spannende Erkenntnisse.

Insgesamt sind gemeinsame Hobbys und Interessen eine wertvolle Möglichkeit, die Paarbindung zu stärken und die Beziehung zu vertiefen. Indem Paare gemeinsam Zeit und Aktivitäten teilen, können sie nicht nur ihre emotionalen Bindungen stärken, sondern auch neue Aspekte des Partners entdecken und gemeinsam wachsen. Es ist wichtig, gemeinsame Hobbys und Interessen zu finden, die beiden Partnern Freude bereiten und die Möglichkeiten zur gemeinsamen Interaktion und Zusammenarbeit bieten.

Durch das Entdecken und Ausüben von gemeinsamen Hobbys können Paare eine stärkere und erfüllende Beziehung aufbauen, die ihnen hilft, gemeinsam durch alle Höhen und Tiefen des Lebens zu gehen.

ABENTEUER UND REISEN ALS PAAR

Gemeinsame Abenteuer und Reisen sind nicht nur eine aufregende Möglichkeit, neue Orte zu entdecken und neue Erfahrungen zu sammeln, sondern sie können auch eine außergewöhnlich fruchtbare Dynamik in einer Beziehung schaffen.

Das Erleben von Abenteuern und das Reisen als Paar bieten einzigartige Gelegenheiten, die Bindung zu stärken, das Vertrauen ineinander durch die Bewältigung herausfordernder Situationen zu vertiefen und gemeinsame Erinnerungen zu schaffen, die alle schweren Zeiten überdauern. Der gemeinsame Entdeckungsreichtum in neuen Umgebungen eröffnet Ihnen die Möglichkeit, die Welt kennenzulernen und dabei auch sich selbst anders kennenzulernen. Sie eröffnen hierbei einen neuen Erfahrungshorizont, indem Sie gemeinsam Lernen: neue Kultur, neue Umgebung, neue Sinneseindrücke, neues Essen und Trinken – welch eine Bereicherung für Sie als Paar!

Explizit sei Ihnen daher an dieser Stelle empfohlen, sich tatsächlich auf eine Reise einzulassen und nicht bloß einen Pauschalurlaub am Strand oder an der Pool-Liege zu verbringen. Dies kann zwar entspannend sein, erweitert aber weder den Horizont noch schafft es unvergessliche Erinnerungen. Eine Pauschalreise am Strand ist austauschbar, ob das Hotel nun in Spanien, Ägypten oder Thailand steht, spielt dabei keine Rolle. Suchen Sie daher lieber das gemeinsame Abenteuer, an das Sie sich auf alle Fälle jederzeit erinnern werden.

Erinnerungen

Eine der grundlegenden Wege, wie gemeinsame Abenteuer die Bindung stärken können, sind hauptsächlich die gemeinsamen Erinnerungen. Beim Erkunden neuer Orte und beim Erleben aufregender Aktivitäten schaffen Paare Erinnerungen, die eine emotionale Bindung aufbauen und eine tiefere *Verbindung* schaffen können; egal, ob es sich um das Erklimmen eines Berges, das Tauchen in ein Korallenriff oder das Durchqueren einer unbekannten Stadt handelt. Sie können diese Erinnerungen selbstredend festhalten. Erstellen Sie im Anschluss an die Reise ein gemeinsames Fotobuch, sei es digital oder ganz klassisch auf Papier, z. B. mit Polaroid-Fotos. Somit ist die Erinnerung nicht nur in Ihren Köpfen verankert, sondern darüber hinaus manifestiert. Und was gibt es Schöneres, als an einem verregneten Sonntagabend, an dem man ohnehin nichts mit der freien Zeit anzufangen weiß, in einem Fotoalbum zu blättern und die gemeinsamen Erinnerungen Revue passieren zu lassen? Ein solcher gemeinsamer Abend auf dem Sofa ist viel wert, auch wenn Sie in diesem Moment nicht aktiv sind, lebt doch die Erinnerung an gemeinsame Aktivitäten auf.

Abenteuer

Darüber hinaus fördern gemeinsame Abenteuer und Reisen auch die Kommunikation und das Vertrauen in einer Beziehung. Das gemeinsame Lösen von Problemen, das Treffen von Entscheidungen und das Bewältigen von Herausforderungen während des Abenteuers erfordern eine offene und effektive Kommunikation zwischen den Partnern.

Durch das gemeinsame Meistern von Hindernissen können Paare ein besseres Verständnis für sich selbst und füreinander entwickeln, lernen, wie man Konflikte am besten lösen kann (auch am anderen Ende der Welt), und sich gegenseitig unterstützen, wo immer es geht. Wer die Welt kennenlernt, wird viele schöne Erlebnisse haben, aber unter Umständen auch mit Armut oder sozialen Problemen konfrontiert. Die eigenen Probleme erscheinen nichtig, wenn man sich die gravierenden Probleme der Menschen in anderen Staaten ansieht. Und dennoch zeigen diese uns, wie man auch mit Problemen ein glückliches und erfülltes Leben führen kann. Darüber hinaus erfordert das Reisen als Paar auch ein hohes Maß an Vertrauen, sowohl in den Partner als auch in die eigenen Fähigkeiten, was dazu beiträgt, das Vertrauen in die Beziehung zu stärken und eine stabile Basis für die Zukunft zu schaffen.

Beispiele: Gemeinsame Abenteuer erleben

- **Trekking:** Ein Beispiel für ein gemeinsames Abenteuer, das Paare erleben können, ist das Trekking in der Natur. Das gemeinsame Erkunden von Wanderwegen und die Übernachtung in der Wildnis bieten nicht nur die Möglichkeit, die Schönheit der Natur zu erleben, sondern auch eine Gelegenheit, sich auf das Wesentliche zu konzentrieren und sich von den Ablenkungen des Alltags zu lösen. Während des Trekkings können Paare gemeinsam Herausforderungen meistern, sich gegenseitig unterstützen und gemeinsame Erfahrungen teilen, die eine tiefe emotionale Bindung schaffen. Sie verlassen zudem die so häufig zitierte Komfortzone: Auf einer Wanderung in der Natur ist nicht immer alles clean und planbar, es kommen eventuell Herausforderungen auf Sie zu, die Sie gemeinsam meistern müssen. Doch gerade diese Herausforderungen bringen Sie als Paar weiter und lassen Sie näher zusammenrücken – die Bindung wird so gestärkt.

- **Tauchen:** Ein weiteres Beispiel für ein gemeinsames Abenteuer ist das gemeinsame Tauchen oder Schnorcheln. Das Erkunden der Unterwasserwelt ermöglicht es Paaren, eine faszinierende und oft unerforschte Umgebung gemeinsam zu entdecken und zu erforschen. Sie tauchen im wahrsten Sinne des Wortes in eine Welt ein, die Sie beide zuvor nicht kannten. Dies erweitert nicht nur den Horizont, sondern schafft auch unvergessliche Erinnerungen. Das gemeinsame Erleben der Schönheit und Vielfalt des Meereslebens kann eine tiefgreifende emotionale Erfahrung sein, die eine gemeinsame Leidenschaft für den Schutz der Ozeane und die Erhaltung der Natur fördert.

- **Roadtrip:** Ein weiteres Beispiel und zudem ein absoluter Klassiker für ein gemeinsames Abenteuer ist das Roadtripping. Das gemeinsame Reisen mit dem Auto bietet die Möglichkeit, neue Orte zu entdecken, spontane Abstecher zu machen und gemeinsame Abenteuer entlang des Weges zu erleben. Die Freiheit, sich auf der Straße zu bewegen, ermöglicht es Paaren, gemeinsam neue Landschaften zu erkunden, lokale Küche zu probieren und interessante Menschen zu treffen. Der Roadtrip entfaltet dabei eine eigene Form der Romantik, schließlich haben Sie wahrscheinlich in diesem Moment diverse Filme, Serien oder Romane vor Augen, in denen Paare sich auf einen solchen Roadtrip begeben: Ob Bonny und Clyde als „Partner in Crime" oder gemütlich mit dem Camping-VAN, Ihrer Fantasie sind keinerlei Grenzen gesetzt. Auf langen gemeinsamen Autofahrten müssen Sie sich aufeinander verlassen und gemeinsam die Herausforderungen der Reise meistern. Auch diese Erfahrung schweißt enorm zusammen. Suchen Sie sich also gemeinsam eine Route aus, sehen Sie zu, dass Sie das passende Fahrzeug finden, und begeben Sie sich gemeinsam auf die Straße.

Insgesamt bieten gemeinsame Abenteuer und Reisen eine einzigartige Gelegenheit, die Paarbindung zu stärken, das Vertrauen zu vertiefen und gemeinsame Erinnerungen zu schaffen, die Sie nie wieder vergessen werden. Indem Sie gemeinsam neue Orte entdecken, die damit verbundenen Herausforderungen mal mehr, mal weniger souverän meistern und unvergessliche Erfahrungen teilen, können Sie nicht nur Ihre emotionale Verbundenheit nachhaltig stärken, sondern auch eine stabile Basis für Ihr weiteres Beziehungsleben schaffen.

Denken Sie immer daran: Egal, wie stark eine Beziehungskrise bisweilen sein mag, niemand kann Ihnen Erfahrungen und Erinnerungen nehmen, wenn Sie sie einmal durchlebt haben. Machen Sie sich bewusst, dass Sie mit Ihrem Partner solche Momente erleben können und dass Sie diese unter Umständen mit keiner anderen Person auf der Welt derart intensiv erlebt haben.

ALLTAGSRITUALE FÜR MEHR VERBUNDENHEIT

Das Gefährliche am Alltag ist, dass man irgendwann nicht mehr aktiv über ihn nachdenkt. Man nimmt alles, was im Alltag passiert, als gegeben hin und stoppt daher den Prozess der Reflexion. Dabei können schöne oder besonders gute Momente leicht in Vergessenheit geraten. Um diese schönen Momente bewusster wahrzunehmen, sollten Sie auch den gemeinsamen Alltag bewusst gestalten. Hierzu gibt es erneut praxisnahe und leicht umsetzbare Übungen.

Übungen: Den Alltag gestalten

- **Zeitmanagement:** Wie der Volksmund weiß, ist Zeit bisweilen Geld, doch sie ist noch so viel mehr. Zeit kann man sich nämlich nicht kaufen und man kann sie vor allem nicht langfristig an-legen. Wenn Sie jeden Monat 100 Euro zur Seite legen, können Sie von dem gesparten Geld irgendwann eine teure Reise, ein Schmuckstück oder andere Dinge finanzieren. Bei Zeit geht das nicht. Es ist unmöglich, diese anzusparen und später zu verbrauchen. Nur weil Sie an einem Tag nichts erleben, heißt das nicht, dass Sie dafür am nächsten Tag mit der gesparten Zeit mehr erleben können. Zeit ist also begrenzt, das heißt, wir können sie nicht anlegen, aber dafür sehr wohl einteilen und für den Moment effizienter gestalten. Zeitsparen bedeutet nämlich nicht, sie zur Seite zu legen, sondern sie besser zu nutzen. Wenn Sie im Alltag Zeit verschwenden, bleibt Ihnen nachher weniger Zeit für die Dinge, die Sie wirklich tun wollen. Angenommen, Sie benötigen eine halbe Stunde, um mit dem Zug zur Arbeit zu gelangen. Natürlich können Sie diese halbe Stunde zur Entspannung nutzen oder sich Social-Media-Posts anschauen, doch wenn Sie dafür eine halbe Stunde länger im Büro sitzen müssen, um Ihre Arbeit zu erledigen, könnten Sie auch direkt während der Zugfahrt ein wenig arbeiten und die Zeit sinnvoll nutzen. Sie haben per se nicht mehr Zeit, aber Sie können eine halbe Stunde früher Feierabend machen, die Sie mit Ihrem Partner verbringen können. Oder aber Sie bearbeiten Ihre privaten E-Mails, führen das wichtige Telefonat mit den Behörden oder lesen einfach ein gutes Buch, das Sie in Ihrer Persönlichkeit weiterbringt. Nutzen Sie die Zeit sinnvoll und ermöglichen Sie Ihnen und Ihrem Partner somit, viel mehr gemeinsame, schöne Zeit miteinander zu verbringen.

- **Feste Rituale:** Etablieren Sie innerhalb der Partnerschaft feste Rituale. Und damit ist keine ohnehin alltägliche Handlung gemeint, wie etwa zusammen aufzustehen oder ins Bett zu gehen, sondern etwas Schönes, Besonderes, worauf Sie sich beide den gesamten Tag über freuen können. Unternehmen Sie jeden Abend zu einer festen Uhrzeit etwas, sei es das gemeinsame Schauen einer Serie, das Lösen von Rätseln, eine gegenseitige Fußmassage oder ein kurzes Zwiegespräch. Natürlich können auch ausgefallenere oder aufregendere Rituale etabliert werden, achten Sie aber darauf, dass diese sich auch tatsächlich in den Alltag integrieren lassen, ansonsten werden sie nicht zu Ritualen, sondern zu wiederkehrenden Ereignissen. Sie erhalten demnach Event-Charakter. Bei dieser Übung soll es aber gerade nicht um Events gehen, sondern um die Perpetuierung des Rituals im Alltag, denn die wenigsten Beziehungen scheitern daran, dass sie zu wenige große Events bereithalten, sondern eher an dem Verlust von Intimität und Leidenschaft im Alltag. Überlegen Sie also gemeinsam, welches

Ritual Sie etablieren wollen, und achten Sie darauf, dass Sie beide Freude daran haben.

- **Gemeinsame Erlebnisse bereichern:** Jeder Partner braucht Zeit für sich, das ist unbestritten. Und jeder sollte sich diese Zeit auch bei Bedarf nehmen, es gibt keinen Zwang zur Zweisamkeit und erfahrungsgemäß sind nicht die Beziehungen am langlebigsten, bei denen beide Partner ständig aufeinanderhängen. Wichtig ist aber, dass Sie nicht nebeneinanderher leben, denn so geht der Beziehungscharakter schnell verloren. Gemeinsame Erlebnisse und Erinnerungen sind das Wertvollste, was Sie einander bieten können. Planen Sie daher gemeinsame Erlebnisse, gehen Sie gemeinsam aus, unternehmen Sie eine Radtour, eine Wanderung, einen Tandemsprung oder eine Weltreise zusammen – der Fantasie sind hier keine Grenzen gesetzt, die einzigen Grenzen sind die des Machbaren (genügend Zeit und finanzielle Mittel müssen vorhanden sein). Doch gemeinsame Erinnerungen müssen nicht zwangsläufig kostspielig sein. Solange Sie Ihnen beiden gefallen und einen besonderen Platz in Ihrem Herzen einnehmen, kann Ihnen niemand die Erinnerung streitig machen. Achten Sie daher darauf, einerseits kleine Rituale im Alltag zu etablieren und andererseits gemeinsame Erlebnisse abseits des Alltags zu schaffen, an die Sie sich jederzeit erinnern und die Ihnen über etwas ereignisärmere Phasen der Beziehung hinweghelfen.

Gestalten Sie Ihren Alltag bewusster und Sie werden sehen, dass es Ihrer Beziehung guttut. Legen Sie den Fokus insbesondere auf schöne Momente und schöne Ereignisse. Lassen Sie den Alltag nicht an sich vorbeiziehen und nehmen Sie ihn nicht als gegeben hin, sondern gestalten Sie ihn aktiv. Die Übungen in diesem Kapitel sind an dieser Stelle als Prophylaxe zu sehen.

Zwar können Sie auf diese Übungen auch dann zurückgreifen, wenn Sie sich im Augenblick in einer Beziehungskrise befinden, tatsächlich helfen diese Übungen aber eher langfristig als akut. Daher ist es ratsam, die Stärkung der Bindung immer wieder bewusst voranzutreiben, denn damit verhindern Sie noch drohende Konflikte und beugen den Widrigkeiten des (Beziehungs-) Alltags vor.

Sexualität in der Partnerschaft: Intimität und Erfüllung

„Liebe ist die Antwort.
Aber während man auf sie wartet,
stellt der Sex ein paar ganz gute Fragen."
(Woody Allen)

Neben der geistigen Verbundenheit spielt in einer Beziehung auch die körperliche Verbundenheit eine nicht zu unterschätzende Rolle. Sex ist zwar nicht alles, spielt in vielen Beziehungen aber eine wichtige Rolle. Dabei geht es um mehr als nur um Spaß oder um das Ausleben der eigenen Fantasien. Sex führt zu einer stärkeren Intimität und Verbundenheit in der Beziehung, Vertrauen in den jeweils anderen ist unerlässlich und zuletzt spielt auch Kommunikation eine entscheidende Rolle – denn guter Sex bedeutet, dass beide Partner sich über die Art und die Häufigkeit sexueller Handlungen einig sind. Da Vorlieben und Bedürfnisse sich unterscheiden, ist es an beiden Partnern, über Kommunikation zu klären, wo sich die Interessen überschneiden und wo Kompromisse notwendig sind. Nur so kann das Sexualleben beider Partner glücklich und erfüllt sein.

DIE BEDEUTUNG VON SEXUELLER INTIMITÄT IN DER PARTNERSCHAFT

Emotionale Nähe und körperliche Nähe hängen also eng miteinander zusammen. Emotionale oder auch geistige Verbundenheit kann sich zum Beispiel durch körperliche Nähe und Intimität ausdrücken. Schließlich kuschelt, schmust oder schläft man nur mit jemandem, mit dem man sich auch auf einer emotionalen Ebene verbunden fühlt. Intimität und körperliche Nähe können bei langanhaltenden Beziehungen dem Alltag und den Routinen beider Partner zum Opfer fallen. In diesem Abschnitt soll es daher darum gehen, beide Aspekte von Nähe in Ihrer Beziehung zu stärken und gegebenenfalls wiederherzustellen. Intimität gehört ebenfalls zum Fundament einer jeden Beziehung. Man sollte jedoch nicht den Fehler machen, dabei immer nur an körperliche Intimität zu denken. Vielmehr gibt es verschiedene Ebenen, auf denen sich Intimität in einer Paarbeziehung manifestieren kann.

Vier Ebenen der Intimität

1. Körperlich:

Beginnen wir trotz allem mit der bekanntesten und offensichtlichsten Form von Intimität, der körperlichen. Dazu zählen kleine Gesten wie Händchenhalten, Umarmungen, Kuscheln, aber auch Küssen sowie Sex. Jeder Mensch hat ein unterschiedlich stark ausgeprägtes Bedürfnis nach körperlicher Nähe. Es gibt in Beziehungen verschiedene Bindungstypen: Diese dienen als Klassifizierung für das Bedürfnis von Nähe und Intimität eines Menschen.

- **Der sichere Bindungstyp:** Der sichere Bindungstyp wurde in seiner Kindheit oft fürsorglich behandelt. Er hat daher verinnerlicht, dass Harmonie und Beständigkeit wichtige Faktoren für eine Beziehung sind. Beziehungen bedeuten für ihn Geborgenheit und Bestätigung („Ich bin okay, so wie ich bin, weil mein Partner mich so akzeptiert").

Der sichere Bindungstyp versucht, Konflikte und Streitigkeiten innerhalb der Beziehung zu vermeiden, denn er strebt nach Harmonie und Beständigkeit; Beziehungsdramen sind von ihm nicht zu erwarten. Menschen dieses Bindungstyps sind zudem sehr vertrauensvoll. Sie erzählen ihrem Partner von ihren Gefühlen und können im Gegenzug die Empfindungen des Partners oft gut deuten.

Die Vorzüge eines sicheren Bindungstyps liegen auf der Hand: Treue, Ehrlichkeit und Verlässlichkeit sind Werte, die als Grundlage für jede gesunde Beziehung angesehen werden können. Böse Überraschungen, Skandale oder Dramen bleiben einem mit diesem Typ Partner erspart.

Die Kehrseite der Medaille könnte dabei sein, dass der Beziehung auf Dauer die Spannung fehlt. Sichere Bindungstypen sind sehr konstant und neigen nicht dazu, etwas vollkommen anderes auszuprobieren. Sei es beim Reisen, bei der Wahl der gemeinsamen Freizeitaktivitäten oder auch beim Sex – etwas völlig Verrücktes können Sie vom sicheren Bindungstyp meist nicht erwarten.

- **Der ängstlich-anklammernde Typ:** Dieser Beziehungstyp ist von unsicheren frühkindlichen Bindungen geprägt. Er hat seine frühen Bezugspersonen (meist Mutter und Vater) als wankelmütig und unzuverlässig erlebt und hat daher ein Bedürfnis nach einem „sicheren Hafen" entwickelt. Liebe und Beziehungen bedeuten für ihn in erster Linie Geborgenheit und Bestätigung.

Kinder, die ihre Eltern als distanziert und unzuverlässig erleben, neigen dazu, sich selbst als nicht besonders wertvoll zu betrachten („Ich bin es nicht wert, dass man sich mehr mit mir beschäftigt / dass man mich liebt"). Geliebt werden und in einer Beziehung zu sein, bedeutet für diesen Bindungstypen also auch eine Bestätigung des eigenen Selbstwerts. Solche Menschen haben das Bedürfnis nach viel körperlicher und sozialer Nähe, sie wollen also gerne viel Zeit mit dem Partner verbringen und wollen nach Möglichkeit kuscheln, sich umarmen, nah bei ihrem Partner sein. Dieses Bedürfnis kann nicht jederzeit befriedigt werden, insbesondere, wenn der Partner ein anderer Bindungstyp ist. Daher kann bei anklammernden Menschen oft das Gefühl entstehen, dass sie mehr in die Beziehung investieren als der Partner.

Zudem werden sie häufig von Verlustängsten begleitet. Die schlimmste Vorstellung ist es, den Partner zu verlieren und allein zu sein – also wieder ohne einen sicheren Hafen umhertreiben zu müssen. Positiv daran ist sicherlich der starke Grad emotionaler Bindung an den Partner. Der anklammernde Typ ist keiner, der fremdgeht oder seinen Partner versetzt. Allerdings ist der Grund dafür, dass unterschwellig stets die Angst mitschwingt, den Partner verlieren zu können. Je nach Ausprägung kann diese Angst regelrecht zur Panik werden. Es gilt daher, in der Beziehung den schmalen Grat zwischen Nähebedürfnis und Verlustangst auszutarieren.

- **Der ängstlich-vermeidende Typ**: Auch der ängstlich-vermeidende Typ hat in seiner frühkindlichen Prägung tendenziell eher ungesunde Bindungen erlebt. Insbesondere das Bedürfnis nach körperlicher Nähe und Zuneigung (in den Arm genommen werden) wurde hierbei nicht ausreichend befriedigt. Ähnlich wie beim ängstlich-anklammernden Typ fehlte dem Vermeider ein „sicherer Hafen" und die liebevolle Bindung, nur dass er andere Konsequenzen aus diesem Erleben zieht.

Der vermeidende Typ fürchtet sich nämlich vor zu viel Nähe und kann innerhalb seiner Beziehung nur schwer körperliche Nähe zulassen. Eine Beziehungs- und Bindungsangst kann das Resultat sein. Man fühlt sich in einer emotionalen Beziehung und mit emotionaler Nähe zum Partner nicht wohl und weiß nicht, wie man mit dem ungewohnt hohen Maß an Liebe umgehen soll. Vermeider versuchen daher, ihre Partner auf Distanz zu halten, was von diesen wiederum als Abweisung verstanden wird.

In Extremfällen neigt der ängstlich-vermeidende Typ sogar dazu, die Beziehung zu sabotieren, sobald sich die Partner zu nahe kommen, setzt der Fluchtreflex ein, also die Angst, sich zu stark binden zu müssen. Dabei ist der Wunsch nach Nähe und körperlicher sowie emotionaler Bindung bei allen Menschen vorhanden, auch bei vermeidenden Bindungstypen. Hier kann jedoch die Angst überwiegen, verletzt zu werden, wenn man jemanden zu nah an sich heranlässt.

Für den Partner ergibt sich daraus die Herausforderung, das richtige Verhältnis von Nähe und Distanz herauszufinden. Gibt man dem Partner genugend Abstand, kann die Beziehung trotz allen Hürden liebevoll und emotional anregend sein.

- **Der gleichgültig-vermeidende Typ:** Dieser Bindungstyp versucht, enge Bindungen von vornherein zu vermeiden. Lassen sich die ängstlich-vermeidenden Typen oftmals noch auf eine Beziehung ein und werden dann skeptisch, wenn sie sich zu stark binden und jemandem zu sehr vertrauen sollen, versuchen die gleichgültig vermeidenden Typen, ihr Bedürfnis nach Bindung eher zu unterdrücken („Ich brauche keine feste Bindung").

Oftmals sind diese Menschen sehr beschäftigt, sie suchen sich zahlreiche Hobbys und Aktivitäten aus, um bewusst niemals zur Ruhe zu kommen oder um sich über feste Bindungen niemals Gedanken machen zu müssen („Ich bin viel zu beschäftigt für eine Beziehung"). Wie bei jedem Menschen ist allerdings auch im gleichgültig-vermeidenden Bindungstypen das Bedürfnis nach Geborgenheit, emotionaler Nähe und letztlich auch Bindung veranlagt. Da diese Menschen jedoch häufig genau das versuchen, zu vermeiden, sind sie meist unglücklich und nicht zufrieden mit sich selbst, sie fühlen eine gewisse innere Leere, die sie auch durch ihre zahlreichen Beschäftigungen nicht zu füllen vermögen.

Ist dieser Bindungstyp doch in einer festen Beziehung, neigt er, ähnlich wie der vermeidende Typ, dazu, wenig emotionale und körperliche Nähe zuzulassen. Daher ist auch bei ihm das richtige Maß an Nähe und Distanz eminent wichtig für das Funktionieren der Beziehung.

> Jeder Bindungstyp hat also bestimmte Bedürfnisse, die in einer Beziehung wichtig zu beachten sind. Dabei stellt jeder Bindungstyp auch auf seine spezielle Art eine gewisse Herausforderung für den Partner dar. In einer intakten Paarbeziehung ist es unerlässlich, dass man sich auf sein Gegenüber einlässt und dessen Wünsche und Bedürfnisse ernst nimmt.

Folgende Bedürfnisse lassen sich bei den verschiedenen Typen feststellen:

Aus der Kategorisierung der Bindungstypen können wir Folgendes lernen:
Körperliche Nähe ist immer auch ein Ausdruck von Intimität und daher von Bindung; manche benötigen deshalb ein hohes Maß an körperlicher Intimität. Das heißt, sie wollen viel kuscheln, halten auch beim gemeinsamen Spaziergang gerne Händchen, suchen förmlich nach Berührungen und wollen gerne regelmäßig umarmt werden oder sich küssen. Andere wiederum brauchen diese Form der körperlichen Zuneigung seltener und bleiben lieber distanziert. Das Maß an körperlicher Nähe in der Beziehung wird also von beiden Partnern bestimmt und beide sollten gleichermaßen darauf achten, dass die eigenen Bedürfnisse in einem befriedigenden Maß berücksichtigt werden – oftmals bedeutet das ein Kompromiss, den Sie gemeinsam schließen, um das richtige Maß zwischen Distanz und Nähe zu finden.

Das Nähebedürfnis kann sich mit der Zeit auch ändern, denn gerade zu Beginn einer Partnerschaft sind oftmals beide noch relativ stark an einer emotionalen und körperlichen Nähe zum Partner interessiert, man fühlt sich stärker angezogen. Dieses Bedürfnis kann mit der Zeit nachlassen, was per se nichts Schlechtes bedeuten muss; es heißt auch nicht, dass die Anziehungskraft des Partners geringer wäre als zuvor, nur das Bedürfnis nach dem körperlichen Ausdruck hat sich verringert. Stimmen Sie sich also ab und – auch hier unerlässlich – kommunizieren Sie Ihrem Partner Ihre Bedürfnisse! So vermeiden Sie Konflikte und Missverständnisse, die am Ende zu Beziehungsproblemen führen können, etwa wenn ein Partner sich durch zu viel Nähe eingeengt fühlt, während der andere die Distanz als Abwehrhaltung und fehlende Zuneigung interpretiert.

2. Emotional

Mindestens genauso wichtig wie die körperliche Intimität ist die emotionale Intimität in einer Partnerschaft. Hierbei geht es vor allem um die bereits angesprochenen Punkte wie Vertrauen, Verbundenheit und die Bereitschaft beider Partner, sich emotional auf den anderen einzulassen. Empathie spielt dabei wiederum eine große Rolle, es geht immer auch darum, sich in den Partner und seine Bedürfnisse, seine Denkweise hineinzuversetzen. Emotionale Nähe bedeutet auch, dass man über die Dinge sprechen kann, die einen emotional beschäftigen, zum Beispiel über Ängste, Sorgen und Nöte. Mit einem Partner, den Sie lieben und dem Sie emotional verbunden sind, sprechen Sie über Ihre innersten Empfindungen und Gefühle, vor allem über die, über die Sie mit anderen Personen nicht sprechen würden.

Nehmen wir an, Sie haben Zukunftsängste und träumen daher des Öfteren von einer wirren und undurchsichtigen Zukunft ohne Sicherheit. Die Träume beschäftigen Sie und sorgen dafür, dass Sie schlechter schlafen. Einem Arbeitskollegen würden Sie unter Umständen noch erzählen, dass Sie zurzeit unruhig schlafen, Sie würden ihm aber die genaue Ursache nicht detailliert erörtern. Mit Ihrem Partner hingegen können Sie genau über derartige Dinge sprechen. Woher rührt die Angst? Was kann man tun, um sie aufzulösen? Wie kann der Partner unter Umständen dabei helfen?

Emotionale Bindung bedeutet, sich sicher und geborgen beim anderen zu fühlen, wie in einem *Safe Space*. Scham oder Angst davor, Einblick in die eigene Gefühlswelt zu gewähren, sollte es in einer gesunden Partnerschaft nicht geben – wenn Sie Ihre Emotionen mit jemandem teilen konnen, dann doch schließlich mit Ihrem Partner. Durch tiefe Gespräche und den Austausch echter Gedanken und Gefühle können Sie die emotionale Verbundenheit mit Ihrem Partner stärken. Insbesondere in Beziehungskrisen können Sie dann von dem zuvor aufgebauten Vertrauen zehren, das stärker sein sollte als eine temporäre Beziehungskrise.

3. Spirituell

Am häufigsten vergessen wird hier die spirituelle Intimität. In unserer heutigen, oft vom harten Realismus geprägten Gesellschaft, spielt Spiritualität für die meisten Menschen eine untergeordnete Rolle. Dennoch sollte dieser Aspekt keinesfalls vernachlässigt werden. Es geht darum, seinen eigenen inneren Frieden zu finden und diesen auch dem Partner zu ermöglichen.

Einem anderen Menschen inneren Frieden zu schenken bedeutet, ihn zu akzeptieren, zu respektieren und zu lieben, so wie er ist. Auch wenn Sie sich nicht immer einig sind, auch wenn Sie unter Umständen nicht an das Gleiche glauben (sei es religiös, politisch, weltanschaulich), empfinden Sie doch einen tiefen Respekt voreinander und wollen das Beste für Ihren Partner. Um ein Segen für andere sein zu können, müssen Sie jedoch, so zumindest die Auffassung der meisten spirituellen Lehren, mit sich selbst im Reinen sein.

Eine wichtige Grundlage des spirituellen Zusammenhalts in der Beziehung ist also, dass Sie mit sich selbst zurechtkommen und keine inneren Konflikte oder Widersprüche verarbeiten müssen. Spirituelle Intimität gewinnen heißt daher, sich mit sich selbst auseinanderzusetzen und die Erkenntnisse dieser Reflexion in einem positiven Sinne in die Beziehung einzubringen.

4. Intellektuell

Tiefgründige Gespräche sind ein wichtiger Bestandteil einer jeden Beziehung. Dabei kann es einerseits um emotionale Themen gehen, wenn Gefühle und Empfindungen besprochen werden, doch je nach Interessengebiet können auch Gespräche über Politik, Kultur oder Zeitgeschehen sehr anregend sein. Ihr Partner präsentiert Ihnen dabei unter Umständen Sichtweisen und Argumente, auf die Sie selbst nie gekommen wären. Derartige Gespräche können enorm anregend für den Geist sein.

Intimität als Grundlage für eine gelungene Beziehung

Intimität bedeutet also, dass die Partner gleich auf mehreren Ebenen miteinander harmonieren. Sie teilen intime Gedanken, aber auch intime körperliche Momente miteinander und sind zugleich offen, ehrlich und empfinden keine Scheu davor, sich dem Partner zu öffnen. Aus dieser Erkenntnis ergibt sich quasi von selbst, warum Intimität eine der wichtigsten Grundlagen für eine gelungene Beziehung ist: Sie ist der wesentliche Faktor, der eine Liebesbeziehung von anderen engeren sozialen Beziehungen unterscheidet. Auch einem guten Freund können Sie sich in einem gewissen Maße anvertrauen, doch mit ihm werden Sie nicht körperlich intim. Auch mit einem Arbeitskollegen können Sie unter Umständen intellektuell auf einem guten Niveau kommunizieren und Anregungen aus den Dialogen ziehen, doch spirituelle oder emotionale Intimität stellt sich nicht ein.

Wenn Intimität in einer Beziehung nachlässt oder gar droht, gänzlich verloren zu gehen, ist das keinesfalls geringfügig, sondern kann die Beziehung gefährden. Versuchen Sie daher unter allen Umständen, die Intimität der Partnerschaft zu pflegen und sie bewusst zu steigern. Häufig sind es schließlich nicht die Grundeigenschaften, die sich im Laufe der Beziehung und mit der Gewöhnung an den Alltag verändern, sondern vielmehr die Manifestation. Oder anders gesagt: Die Grundlagen der Intimität sind weiterhin vorhanden, doch im Alltag werden sie nicht mehr gelebt – es finden zu wenige intime Momente des Austauschs von Zärtlichkeiten, des Zusammenseins oder des Kuschelns statt. Lassen Sie diese wertvollen Momente nicht zum Opfer Ihres Alltags werden, sondern machen Sie sich die Bedeutung der Intimität bewusst.

Sie können die Barrieren für mehr Intimität, die der Alltag Ihnen in den Weg legt, einfach überwinden. Machen Sie sich bewusst, dass Intimität alles andere als eine Nebensache der Beziehung ist – zudem hat sie für beide Seiten nur Positives zu bieten. Intimität steigert das Wohlbefinden in der Partnerschaft, denn wir fühlen uns geistig und emotional stärker an den Partner gebunden. Zudem tut uns auch die körperliche Nähe erwiesenermaßen gut: Durch das Ausschütten von Hormonen, wie zum Beispiel Oxytocin (gerne auch als „Kuschelhormon" bezeichnet), fühlen wir uns glücklicher und zufriedener. Mehr Intimität in der Beziehung bedeutet also mehr Glück und mehr Wohlbefinden für beide Seiten.

GEMEINSAMES VERSTÄNDNIS VON SEXUELLEN BEDÜRFNISSEN

Das gemeinsame Herausfinden der sexuellen Vorlieben ist ein wichtiger Schritt für Paare, um eine erfüllende und befriedigende Intimität aufzubauen. Sexuelle Vorlieben können sich unterscheiden und mögen dem Partner unter Umständen seltsam vorkommen, was allerdings nicht bedeutet, dass man diese verurteilen sollte. Jeder Mensch hat ein Recht auf seine sexuellen Vorlieben und solange alles einvernehmlich geschieht, sollte niemand dafür verurteilt werden, was er fühlt. Damit die Einvernehmlichkeit jederzeit sichergestellt werden kann, ist das Verständnis für den anderen umso wichtiger. Hier sind einige Schritte, die Paare gemeinsam unternehmen können, um ihre sexuellen Bedürfnisse und Vorlieben zu erkunden:

- **Offene Kommunikation:** Offene und ehrliche Kommunikation ist der Schlüssel, um die sexuellen Vorlieben des Partners zu verstehen. Paare sollten einen sicheren Raum schaffen, in dem sie frei über ihre Wünsche, Fantasien und auch Grenzen sprechen können, ohne Angst vor Verurteilung oder Ablehnung zu haben.

Es kann hilfreich sein, das Gespräch außerhalb des Schlafzimmers zu führen und sich Zeit zu nehmen, um in Ruhe über alles zu sprechen. Verurteilen Sie sich nicht gegenseitig, sondern hören Sie sich zu und versuchen Sie, sich auf den jeweils anderen einzulassen.

- **Selbstreflexion:** Bevor Paare ihre sexuellen Vorlieben miteinander teilen, ist es wichtig, dass sie sich selbst über ihre eigenen Bedürfnisse im Klaren sind. Sie sollten sich Zeit nehmen, um über Ihre eigenen Fantasien, Wünsche und Grenzen nachzudenken, und sie gegebenenfalls aufschreiben oder in einem Tagebuch festhalten. Dies kann ihnen helfen, ihre Gedanken zu ordnen und sich besser auf das Gespräch vorzubereiten. Erst wenn Sie sich selbst darüber im Klaren sind, was Sie wollen, können Sie diese Bedürfnisse gegenüber Ihrem Partner kommunizieren.

- **Experimentieren:** Das Ausprobieren neuer Dinge im Schlafzimmer kann dabei helfen, die sexuellen Vorlieben des Partners kennenzulernen. Paare können gemeinsam neue Techniken, Positionen oder Spielzeuge ausprobieren und dabei achtsam auf die Reaktionen des anderen achten. Das Experimentieren kann dazu beitragen, die sexuelle Chemie zu stärken und neue Wege zu finden, um einander zu gefallen sowie Lust beim Partner auszulösen. Achten Sie auf Einvernehmen beim Experimentieren und brechen Sie nichts übers Knie – nehmen Sie sich die Zeit, um in Ruhe zu reflektieren, welches Experiment Sie als gelungen betrachten und welches nicht. Hierfür ist der nächste Punkt entscheidend.

- **Feedback geben und empfangen**: Es ist wichtig, dass Paare bereit sind, Feedback zu geben und zu empfangen, um ihre sexuellen Vorlieben besser zu verstehen. Partner sollten sich gegenseitig ermutigen, offen über das zu sprechen, was ihnen gefällt und was nicht, und dabei darauf achten, respektvoll und einfühlsam zu sein.

Das konstruktive Feedback kann dazu beitragen, Missverständnisse zu klären und die sexuelle Erfahrung zu verbessern. Nur so können Sie einvernehmlichen und für beide Seiten befriedigenden Sex haben.

- **Regelmäßige Gespräche führen:** Die sexuellen Vorlieben eines Menschen können sich im Laufe der Zeit verändern, daher ist es wichtig, regelmäßig über sie zu sprechen und offen für neue Erfahrungen zu sein. Paare sollten sich Zeit nehmen, um sich gegenseitig zu fragen, wie es ihnen im Schlafzimmer geht, und bereit sein, sich anzupassen, um die Bedürfnisse des anderen zu erfüllen. Seien Sie sich dessen bewusst, dass Sie nicht immer alle Ihre Bedürfnisse werden ausleben können, solange diese nicht identisch mit denen Ihres Partners sind. Wie bei jedem Aspekt einer gesunden Beziehung ist auch hier der Kompromiss entscheidend.

Indem Paare gemeinsam herausfinden, was ihre sexuellen Vorlieben sind, können sie eine tiefere Verbindung aufbauen und beide Seiten haben die Möglichkeit, eine erfüllende Intimität in der Beziehung zu erleben. Durch offene Kommunikation, Selbstreflexion, Experimentieren, Feedback und regelmäßige Gespräche können Paare gemeinsam ihre sexuelle Beziehung stärken und eine auf sämtlichen Ebenen intime Partnerschaft etablieren.

Abweichende Bedürfnisse

Wenn die sexuellen Vorlieben von Paaren voneinander abweichen, kann dies zu Konflikten und Unstimmigkeiten führen. Es ist jedoch wichtig, zu erkennen, dass Unterschiede in den sexuellen Vorlieben normal sind und nicht zwangsläufig ein Problem darstellen müssen. Der Umgang mit diesen Unterschieden erfordert Geduld, Verständnis und die Bereitschaft, Kompromisse einzugehen, um eine für beide Seiten zufriedenstellende Lösung zu finden. Zunächst einmal ist es wichtig, dass beide Partner ihren *Safe Space* erhalten, in dem sie ohne Angst vor Verurteilung oder Ablehnung über alles sprechen können, was sie umtreibt.

Durch die Offenlegung ihrer Bedürfnisse können Paare einander besser verstehen und Respekt füreinander entwickeln. Es ist auch hilfreich, Empathie für die Perspektive des Partners zu zeigen und zu versuchen, die Gründe hinter seinen Vorlieben zu verstehen. Dabei helfen Fragen wie:

- „Warum findest du diese oder jene Praktik stimulierend?"
- „Was reizt dich daran?"
- „Wie könnte man diesen Reiz auf einer anderen Ebene produzieren, ohne diese bestimmte sexuelle Spielart?"

Nehmen wir an, ein Partner hat einen Fetisch, den der andere nicht teilt. Selbstredend kann dies zu Spannungen und Unsicherheiten in der Beziehung führen, denn ein Partner kann eine sexuelle Wunschvorstellung nicht ausführen. Der andere fühlt sich gegebenenfalls unter Druck gesetzt, es doch einmal auszuprobieren, obwohl es ihm eigentlich widerstrebt. Es ist wichtig, dass Paare mit dieser Situation auf eine einfühlsame und respektvolle Weise umgehen, um die Bindung zu stärken und Missverständnisse zu vermeiden. Hier sind einige

Schritte, die Sie unternehmen können, um mit einem solchen Unterschied umzugehen:

- **Respekt und Akzeptanz:** Es ist wichtig, den Fetisch des Partners mit Respekt und Akzeptanz zu behandeln, auch wenn man ihn persönlich nicht teilt. Paare sollten sich gegenseitig ermutigen und sich nicht tadeln. Jeder Fetisch verdient zunächst Respekt, zudem fällt es oftmals nicht leicht, über diese intimen Vorlieben zu sprechen. Alleine, dass Ihr Partner sich Ihnen gegenüber diesbezüglich geöffnet hat, ist ein enormer Vertrauensbeweis, den Sie zunächst einmal goutieren sollten.

- **Grenzen setzen:** Gleichzeitig ist es wichtig, klare Grenzen zu setzen und zu respektieren, was für beide Partner in Ordnung ist und was nicht. Wenn der Fetisch eines Partners für den anderen unangenehm ist oder seine Grenzen überschreitet, ist es wichtig, dies offen zu kommunizieren und gemeinsam nach einer Lösung zu suchen, die für beide akzeptabel ist. Fühlen Sie sich niemals gezwungen, den Fetisch des Partners zu teilen, wenn dieser über eine Ihrer persönlichen Grenzen hinausgeht. Verschieben Sie niemals Ihre sexuellen Grenzen, um Ihrem Partner zu gefallen. Wenn es für Sie in Ordnung ist, können Sie versuchen, sich an die Vorliebe des Partners heranzutasten. Hören Sie dabei in sich hinein und stellen Sie vorher sicher, dass Sie wirklich keinerlei Grenzen hierfür überschreiten müssen.

- **Kompromisse finden:** Paare sollten gemeinsam nach Kompromissen suchen, die es ermöglichen, die Bedürfnisse beider Partner zu erfüllen, ohne die eigenen Grenzen zu überschreiten. Dies könnte bedeuten, dass der Partner mit dem Fetisch alternative Wege findet, um seine Bedürfnisse zu befriedigen, während der andere Partner sich auf seine eigenen Vorlieben konzentriert. Es ist wichtig, flexibel zu sein und bereit zu sein, einen Schritt auf den anderen zuzugehen, um die Beziehung zu stärken.

• **Professionelle Hilfe in Anspruch nehmen:** In einigen Fällen kann es hilfreich sein, professionelle Hilfe in Anspruch zu nehmen, um mit einem Unterschied in sexuellen Vorlieben umzugehen. Ein Sexualtherapeut kann dabei helfen, die Kommunikation zu verbessern, Missverständnisse zu klären und gemeinsame Lösungen zu finden, die für beide Partner zumindest in weiten Teilen zufriedenstellend sind.

Kommen wir noch einmal etwas ausführlicher auf den Aspekt des Kompromisses zu sprechen: Wie sieht ein guter Kompromiss aus und wie geht man diesen ein? Einen Kompromiss zu finden kann bedeuten, dass sich beide Partner auf halbem Weg treffen oder abwechselnd ihre jeweiligen Vorlieben berücksichtigen. Es ist wichtig, flexibel zu sein und bereit zu sein, sich anzupassen, um die Bedürfnisse des Partners zu erfüllen, auch wenn sie nicht vollständig mit den eigenen Vorlieben übereinstimmen. Solange Sie sich nicht unwohl fühlen und nicht das Gefühl haben, dass jemand eine Grenze überschreitet, kann ein Kompromiss in Form von Entgegenkommen für beide Partner gleichermaßen zufriedenstellend sein.

Darüber hinaus können Sie verschiedene Lösungsansätze ausprobieren, um eine für beide Seiten (im wahrsten Sinne des Wortes) *befriedigende* Lösung zu finden. Dies könnte die Integration neuer Techniken, Positionen oder Spielzeuge sein, um die sexuelle Erfahrung abwechslungsreicher und befriedigender zu gestalten. Es ist auch wichtig, regelmäßig über die sexuelle Beziehung zu sprechen und offen für Veränderungen und Anpassungen zu sein, um sicherzustellen, dass die Bedürfnisse beider Partner weiterhin erfüllt werden. Letztendlich erfordert der Umgang mit unterschiedlichen sexuellen Vorlieben in einer Beziehung Geduld, Kompromissbereitschaft und die Bereitschaft, sich aufeinander einzulassen, um Ihre partnerschaftliche Intimität sowohl auf emotionaler als auch auf körperlicher Ebene aufrechtzuerhalten.

INTIMITÄT UND NÄHE FÖRDERN

Wenn Sie sich also körperlich und mental wieder angenähert haben, sind Sie bereits auf einem guten Weg in Richtung einer harmonischen Beziehung. Nun muss es das Ziel sein, diese Form der Harmonie und der Intimität aufrechtzuerhalten. Auch hierfür gibt es selbstredend Übungen, die Sie in Ihren Alltag integrieren können, um auch dort Ihre Intimität zu stärken und nicht erst dann mit den Übungen zu beginnen, wenn sich bereits ein Konflikt anbahnt.

Übungen: Intimität in der Partnerschaft stärken

- **Gespräche am Abend:** Versuchen Sie, das Abendgespräch in Ihren Alltag zu integrieren. Es handelt sich dabei um einen schematischen Gesprächsablauf, der dabei helfen soll, Ihre Erlebnisse, Erfahrungen und natürlich Emotionen des vorausgegangenen Tages zu verarbeiten. Die Übung funktioniert wie folgt: Setzen Sie sich abends zusammen und erzählen Sie sich gegenseitig von Ihrem Tag. Partner A beginnt und erzählt fünf Minuten. Wenn A fertig ist, fasst Partner B die Schilderungen innerhalb von zwei Minuten zusammen. Anschließend wechseln beide Partner die Sprecherposition, das heißt, B erzählt fünf Minuten und A fasst zwei Minuten zusammen. Die genauen Zeiten spielen dabei eine wichtige Rolle, denn sie verhindern, dass das Gespräch ausufert und somit verschwimmt, außerdem sollen beide Partner gleiche Redeanteile haben. Durch die Zusammenfassung wird ein aktives Zuhören des anderen Partners garantiert, zudem übt dieser sich in Empathie, denn er muss zusammenfassen, wie es dem anderen Partner geht, und diese Information aus den Schilderungen entnehmen. Beide müssen zudem zuvor über ihre Gefühle nachgedacht haben, um diese tatsächlich strukturiert darstellen zu können. Der vergangene Tag wird reflektiert und somit auch die eigenen Empfindungen. Versuchen Sie, dieses Ritual, wenn möglich, jeden Abend durchzuführen. Wenn ein Partner beispielsweise im Schichtdienst arbeitet, kann das Gespräch auch mittags erfolgen, es muss nicht zwingend abends sein, die korrekte zeitliche Einordnung wäre eher: am Ende eines Tages (wann auch immer dieser für Sie beginnt bzw. endet).

- **Umarmen und Entspannen:** Eine Umarmung kann den Körper entspannen und sogar Verkrampfungen bzw. Anspannungen im Körper lockern. Führen Sie daher folgende Übung aus: Stellen Sie sich aufrecht in einem stabilen Stand Ihrem Partner gegenüber und legen Sie Ihre Arme auf dessen Schulter. Anschließend umschließen Sie den Partner mit den Armen und lassen selbst ganz locker: Lassen Sie die Anspannung aus dem Körper gleiten, atmen Sie bewusst tief ein und aus und fokussieren Sie sich auf sich selbst. Sie werden feststellen, dass Sie innerhalb kürzester Zeit ruhiger und entspannter werden. Da Sie Ihren Partner dabei umarmen, verbinden Sie die Entspannung automatisch auch mit ihm, das heißt, Sie fühlen sich gelöst, während Sie ihn umarmen und weil Sie ihn umarmen. Umarmen und Entspannen schaffen einen wundervollen Moment der gemeinsamen Ruhe, Einkehr und Intimität und wecken zudem jederzeit positive Verbindungen mit dem Partner. Führen Sie die Übung nach Bedarf aus, wenn Ihnen der Sinn nach Entspannung steht. Beide Partner sollten offen für diese Übung sein, denn sie funktioniert selbstredend auch für beide gleichzeitig. Entspannen Sie sich gemeinsam und erhöhen Sie so die gemeinsame Intimität.

- **Gefühlszeit:** Ähnlich wie beim Abendgespräch räumen Sie sich auch hier bestenfalls einen festen Termin am Tag ein, das kann abends, nachmittags oder auch bereits morgens am Frühstückstisch sein. Hierfür bedarf es nicht zwingend eines festen Gesprächsschemas wie etwa beim Abendgespräch, es gibt keine zeitliche Begrenzung und die Redeanteile müssen nicht zwingend ausgewogen sein. Hier geht es eher darum, dass der Partner erzählen darf, der das Bedürfnis empfindet, und über seine Emotionen offen sprechen kann. In der Gefühlszeit sprechen Sie über alle Emotionen und Gefühle, die Sie aktuell empfinden und unter Umständen auch belasten. Ein Partner erzählt, während der andere genau zuhört – auch hier sind aktives Zuhören und gegebenenfalls Nachfragen oder Zusammenfassen unerlässlich, um die Gefühle und Befindlichkeiten des Gegenübers vollumfänglich zu verstehen. Reflektieren Sie im Anschluss gemeinsam die Gefühlswelten, die sich gerade im Gespräch aufgetan haben – so lernen Sie, über Gefühle zu sprechen und diese einzuordnen. Auch diese Übung trainiert sowohl die Empathie als auch die Achtsamkeit, denn vielleicht finden Sie gemeinsam die Ursache für belastende Gefühle heraus und überlegen sich eine Strategie, wie Sie gegensteuern können. Teilen Sie Ihre Gefühle miteinander, um mehr Intimität zu schaffen.

- **Körperliche Nähe durch Massage und Berührung:** Berührung ist ein wichtiger Teil der emotionalen Bindung. Daher ist es in einer Beziehung wichtig, sich regelmäßig zu berühren, und zwar in einem angenehmen Kontext, damit die Berührung positiv konnotiert ist. Ein Klassiker dabei ist die Massage, die ein Wohlbefinden durch Berührungen schafft. Ein Partner massiert den anderen, löst dessen Verspannungen und erhält selbst eine positive Resonanz. Schließlich ist es angenehm, den Partner zu berühren. Die Berührung verbindet und schafft eine körperliche Nähe, außerdem ist sie ein Vertrauensbeweis, denn wir lassen nicht jeden „Hand an uns anlegen“, gerade bei verspannungslösenden Massagen, die bisweilen sogar etwas schmerzhaft sein können. Nutzen Sie daher die Massage als einfaches, aber effektives Mittel zur Herstellung körperlicher Nähe und Intimität. Eine Massage kann im Übrigen auch eine erotische Komponente beinhalten, womit wir zum nächsten Aspekt übergehen.

- **Erotische Fantasien und Wünsche erkunden und teilen:** Auch die Erotik ist ein wesentlicher Teil der Beziehung, schließlich kommt körperliche Verbundenheit auch durch Sex oder sexuell konnotierte Handlungen (enger Körperkontakt, „Dirty Talk" etc.) zustande. Es gibt allerdings Beziehungen, in denen der sexuelle Teil der Beziehung noch immer tabuisiert oder zumindest nicht offen thematisiert wird, sei es auch aus Scham oder aus Unwissenheit. Sprechen Sie jedoch unbedingt miteinander, auch und gerade dann, wenn es um sexuelle Vorlieben, Wünsche und Tabus geht. Nichts ist unangenehmer als eine Beziehung, in der sexuelle Bedürfnisse entweder nicht befriedigt oder in der sogar sexuelle Grenzen überschritten werden. Wenn Sie also eine bestimmte erotische Fantasie, einen Fetisch oder Ähnliches haben, sprechen Sie offen und ehrlich mit Ihrem Partner darüber, ob er sich vorstellen kann, diese Fantasie gemeinsam mit Ihnen auszuleben. Vielleicht stellen Sie fest, dass Rollenspiele oder auch leichte Fesselspiele zu einem Lustgewinn auf beiden Seiten beitragen. Sollten Sie sich allerdings unwohl fühlen und feststellen, dass die soeben erprobte Praktik nichts für Sie ist, kommunizieren Sie dies bitte genauso offen und ehrlich. Nur so können Sie eine gemeinsame erotische Basis finden, die Ihre Bedürfnisse gleichsam befriedigt und niemanden unzufrieden zurücklässt.

Intimität und Nähe haben sich in Ihrer Beziehung also nun wieder eingestellt. Passen Sie auf, dass diese nicht (wieder) verloren geht, und integrieren Sie die gezeigten Übungen und Rituale in Ihren Alltag – auch wenn dieser stressig oder hektisch sein mag. Die Zeit zur Pflege Ihrer Intimität sollten Sie sich unter keinen Umständen nehmen lassen. Im nächsten – und letzten inhaltlichen – Kapitel wird es nun um den eben angesprochenen Aspekt gehen, nämlich um das Vertiefen und langfristige Aufrechterhalten der harmonischen Partnerschaft.

Umgang mit Herausforderungen und Krisen

„Krise ist ein produktiver Zustand.
Man muss ihm nur den Beigeschmack der Katastrophe nehmen."
(Max Frisch)

Die Formel „In guten wie in schlechten Zeiten" ist allseits bekannt als Teil des Eheversprechens. Das Paar gelobt damit, dass es nicht nur zueinandersteht, wenn ohnehin alles gut läuft, sondern dass die Bindung gerade in Zeiten einer Krise ebenfalls stabil bleibt. Dieses Versprechen gilt für die Ehe, aber auch für jede gesunde Beziehung – denn der Zusammenhalt in schwierigen Zeiten ist ein wichtiger Anker in einer Partnerschaft. Beide Partner können sich sicher sein, dass der andere einen unterstützt und dass er seine Sorgen und Nöte jederzeit teilen kann. Doch natürlich ist das nicht immer leicht – Krisen und schlechte Zeiten können schnell zur emotionalen und mentalen Belastung werden. Daher soll es in diesem Kapitel darum gehen, wie Sie als Paar gemeinsam mit Krisen umgehen können und diese so meistern, dass Sie im Endeffekt sogar gestärkt aus der Krise herausgehen.

BEWÄLTIGUNG VON VERÄNDERUNGEN UND LEBENSEREIGNISSEN

Das Leben ist voller Überraschungen, einige davon sind erfreulich, andere jedoch herausfordernd und einschneidend. In einer Partnerschaft können diese einschneidenden Ereignisse zu einer Belastungsprobe werden, die das Fundament der Beziehung auf die Probe stellt. Wie Paare mit solchen Herausforderungen umgehen, kann entscheidend dafür sein, ob ihre Bindung gestärkt oder geschwächt wird.

Einschneidende Lebensereignisse können viele Formen annehmen, von freudigen Ereignissen wie der Geburt eines Kindes oder einer Beförderung im Beruf bis hin zu eher belastenden, wie z. B. dem Verlust des Arbeitsplatzes oder dem Tod eines geliebten Menschen. Einschneidend sind diese Erlebnisse deshalb, weil sich durch sie grundlegende Abläufe und Routinen im Leben verändern. Dies führt wiederum dazu, dass Paare sich in bestimmten Situationen neu aufeinander einstellen müssen. Dazu bedarf es Empathie und Kommunikation, denn grundsätzlich übersteht eine stabile Beziehung auch einschneidende Erlebnisse, ohne nachhaltigen Schaden zu nehmen. Es geht darum, wie beide Partner mit der Situation umgehen. Im Folgenden wollen wir drei Beispiele für einschneidende Ereignisse besprechen und uns ansehen, wie Sie als Paar damit umgehen können:

Geburt eines Kindes

Die Geburt eines Kindes ist zweifellos ein freudiges Ereignis, das jedoch auch eine immense Veränderung in das Beziehungsleben bringt. Sie übernehmen gemeinsam Verantwortung für einen Menschen, der viel Aufmerksamkeit und Zuwendung benötigt. Dabei fallen die anderen Aufgaben des Alltags, wie beispielsweise der Haushalt oder in vielen Fällen auch die Erwerbsarbeit, nicht vollends weg. Die Freizeit, die Sie gemeinsam durchleben können, nimmt daher drastisch ab. Auch verändert sich der Schlafrhythmus, denn Aus- und Durchschlafen werden zumindest in den ersten Monaten kaum möglich sein. Aufgrund des Schlafmangels können beide Partner bisweilen leicht gereizt sein, was wiederum zu Konflikten führt.

Zu guter Letzt kann die Beziehungsarbeit leiden, indem Momente der Zweisamkeit vernachlässigt werden. Trotz des gemeinsamen elterlichen Glücks und der Freude über das gemeinsame Kind gibt es also Herausforderungen, die es zu meistern gilt. Mit folgenden Tipps gelingt dies besser:

- **Sprechen Sie miteinander:** Kommunikation ist auch hier unerlässlich. Teilen Sie Ihrem Partner mit, wie Sie empfinden und wie er Ihnen helfen kann. Wenn Sie sich nicht gut fühlen, eine Pause brauchen oder eine Bitte an den Partner richten wollen, zögern Sie nicht, dies auch zu tun. Sprechen Sie auch offen über Schwierigkeiten, Erwartungen und/oder Ängste. Auch Eltern dürfen sich überfordert fühlen, schließlich tragen Sie ein großes Maß an Verantwortung. Kommunizieren Sie also für einen besseren Umgang mit den Herausforderungen der Elternschaft.

- **Zeit für die Partnerschaft:** Es ist leicht, sich im Trubel des Elternseins zu verlieren, dennoch sollten Sie sich bewusst Zeit füreinander nehmen. Machen Sie z. B. einmal im Monat einen festen Termin, an dem Sie als Paar Zeit miteinander verbringen. Gehen Sie essen oder ins Kino, spazieren oder shoppen, Hauptsache, Sie genießen einen Moment der Zweisamkeit. Im besten Fall haben Sie Unterstützung aus der eigenen Familie, Sie können das Kind z. B. für den Zeitraum Ihrer Zweisamkeit in die Obhut der Großeltern geben, wenn diese in der Nähe wohnen. Sollten Sie keine Möglichkeit haben, Ihre Familie einzubinden, können Sie auch die Zeit nutzen, während das Kind in der Krippe, Kita oder im Kindergarten ist. Nehmen Sie sich ruhig einen Tag Urlaub, um diese Zeit bestmöglich zu füllen. Sie werden sehen, dass Ihre Beziehung davon profitiert.

- **Gemeinsame Verantwortung:** Die Aufgaben im Zusammenhang mit der Kindererziehung sollten gerecht aufgeteilt werden. Ein partnerschaftlicher Ansatz trägt dazu bei, Konflikte zu vermeiden und das Gefühl der Unterstützung zu stärken. Das Bild, dass in erster Linie die Mutter für die Versorgung der Kinder verantwortlich ist, während der Vater Erwerbsarbeit leistet, ist mehr als veraltet. Beide Eltern sollten gleichermaßen Verantwortung für das Kind übernehmen. Teilen Sie sich die Aufgaben und sprechen Sie sich ab: Wenn ein Partner sich an einem Tag überlastet fühlt, kann der andere einen Teil der Aufgaben übernehmen und umgekehrt. Kinder großzuziehen ist eine Team-Aufgabe, die Sie auch nur als Team bewältigen können.

Arbeitsplatzverlust eines Partners

Der Verlust eines Arbeitsplatzes kann finanzielle Unsicherheit, Stress und emotionale Belastung mit sich bringen. Außerdem ändert sich die Tagesstruktur beider Partner. Derjenige, der seinen Arbeitsplatz verloren hat, ist nun häufiger zu Hause und hat mehr freie Zeit. Dadurch, dass der andere Partner aber höchstwahrscheinlich weiterhin arbeitet, kann man die Vorteile der gewonnenen Zeit nur bedingt nutzen. Arbeitslosigkeit hat nachgewiesenermaßen Auswirkungen auf die psychische Gesundheit des Betroffenen; man fühlt sich wertlos oder als Versager, der es nicht schafft, sich und seine Familie angemessen zu ernähren. Dies kann sich negativ auf die Beziehung auswirken, besonders, wenn einer der Partner das Gefühl hat, die Last alleine tragen zu müssen.

- **Empathie und Unterstützung:** Als nicht betroffener Partner sollten Sie einfühlsam sein und Unterstützung anbieten. Es ist wichtig, Verständnis für die Gefühle des anderen zu zeigen und gemeinsam nach Lösungen zu suchen, anstatt dem anderen zu vermitteln, dass er ein Versager ist. Versuchen Sie, Ihrem Partner die Schuldgefühle und negativen Gedanken zu nehmen und ihn darin zu bestärken, dass die Arbeitslosigkeit nur vorübergehend ist und dass er mit Sicherheit etwas Neues finden wird. Setzen Sie den anderen nicht unter Druck, indem Sie in dazu drängen, möglichst schnell eine Entscheidung zu treffen. Die Wahl des Arbeitsplatzes will wohl überlegt sein, daher sollten Sie trotz einer möglichen Drucksituation nichts überstürzen. Seien Sie also füreinander da und leisten Sie sich gegenseitig mentale Aufbauhilfe.

- **Gemeinsame Zielsetzung:** Anstatt sich von der Situation überwältigen zu lassen, sollten Paare gemeinsam Ziele setzen und einen Plan entwickeln, wie sie mit der finanziellen Herausforderung umgehen können. Das Schmieden eines gemeinsamen Plans stärkt das Wir-Gefühl und fördert die Zusammenarbeit. Zudem eröffnet dieser gemeinsame Plan neue Perspektiven und Sichtweisen auf die Dinge. Eventuell benötigen Sie nicht alles von dem, was Ihnen über all die Jahre unverzichtbar erschienen ist. Zumindest temporär können Sie mit Sicherheit auf mehr verzichten, als Sie denken. Gemeinsam durch eine solche schwierige Phase zu gehen, kann Partner enorm zusammenschweißen. Das Gefühl, eine große Herausforderung gemeinsam zu bewältigen, verleiht Ihrer Partnerschaft eine neue Tiefe und schafft positive Erinnerungen („Weißt du noch, wie wir es damals zusammen geschafft haben?").

- **Flexibilität und Anpassungsfähigkeit:** Es ist wichtig, flexibel zu sein und sich anzupassen. Manchmal erfordern schwierige Zeiten Kompromisse und Veränderungen im Lebensstil. Das bedeutet nicht nur, dass Sie weniger Geld ausgeben, da Sie grundsätzlich weniger zur Verfügung haben, sondern auch, dass sich Ihre Alltagsroutinen ändern. Auch das muss jedoch nichts Schlimmes sein, im Gegenteil. Durch die veränderte Lebenssituation haben Sie die Möglichkeit, neue Routinen zu schaffen, die zu dem neuen Abschnitt im Leben passen. Zum Beispiel können Sie zusammen frühstücken, wenn dies zuvor aufgrund der Arbeit des Partners nie möglich war, und sich so einen kleinen Moment der Zweisamkeit schaffen. Oder Sie gehen abends einmal unter der Woche aus. Auf diese Art und Weise muss die Anpassung an veränderte Lebensumstände nicht schlecht für die Beziehung sein.

In jeder Beziehung werden einschneidende Lebensereignisse auf unterschiedliche Weise erlebt. Was zählt, ist jedoch die Fähigkeit des Paares, sich gemeinsam den Herausforderungen zu stellen und daran zu wachsen. Auch ein Arbeitsplatzverlust muss nicht zwangsläufig zu einer Beziehungskrise führen, wenn Sie beide einen angemessenen Umgang damit finden.

Umzug in eine neue Stadt

Ein z. B. berufsbedingter Umzug in eine neue Stadt kann eine aufregende, aber auch herausfordernde Erfahrung sein. Der Verlust von vertrauten sozialen Netzwerken, das Anpassen an eine neue Umgebung und mögliche Unsicherheiten des neuen Umfelds können die Beziehung beeinflussen. Häufig ist dieses Phänomen zudem zu beobachten, wenn beide Partner aus unterschiedlichen Städten kommen und man sich darauf einigt, in die Nähe der Familie eines Partners zu ziehen. Das bedeutet, dass der andere sein gewohntes soziales Umfeld verlässt. Ein Partner hat sein gewohntes und vertrautes Umfeld um sich, der andere muss sich neu eingewöhnen. Diese Disbalance kann zur Belastung werden. Beachten Sie daher folgende Punkte:

- **Teamarbeit bei der Entscheidungsfindung:** Bei einem Umzug sollten beide Partner in den Entscheidungsprozess einbezogen werden. Das bedeutet, offen über die Vor- und Nachteile zu sprechen und gemeinsam zu entscheiden, wie die Herausforderungen angegangen werden können. Wenn Sie sich unsicher sind oder Bedenken aufgrund des Umzugs haben, sollten Sie diese offen äußern können. Beide Partner müssen sich mit der Entscheidung wohlfühlen, sonst sind Konflikte vorprogrammiert. Bei der Frage nach dem neuen Wohnort sind Kompromisse denkbar: Unter Umständen kann es Sinn ergeben, einen Mittelpunkt zwischen den Familien beider Partner zu finden (einer kommt aus Frankfurt, der andere aus München – wäre nicht Nürnberg eine Option?). Auch bei berufsbedingten Standortwechseln muss genau abgewogen werden, ob eine berufliche Weiterentwicklung von so großer Bedeutung ist, dass man sein soziales Umfeld dafür aufgibt.

- **Etablierung neuer sozialer Kontakte:** Der Aufbau eines neuen sozialen Umfelds ist entscheidend. Paare sollten gemeinsam versuchen, lokale Veranstaltungen zu besuchen, sich in sozialen Gruppen zu engagieren und Nachbarn kennenzulernen. Dies stärkt nicht nur die individuellen Netzwerke, sondern auch die Verbindung als Paar. Seien Sie aktiv und versuchen Sie, auf andere zuzugehen, um sich in das neue soziale Umfeld zu integrieren. Wenn ein Partner bereits ein soziales Umfeld hat, sollte er den anderen Partner dort möglichst schnell einführen, um zu verhindern, dass er sich alleingelassen oder nicht zugehörig fühlt. Sie werden schnell feststellen, dass Sie mit Offenheit und aktivem Zugehen auf die Menschen schnell ein neues soziales Umfeld aufbauen können, in dem Sie sich heimisch und wohl fühlen.

- **Flexibilität und Geduld:** Ein Umzug erfordert Zeit, um sich einzuleben. Es ist wichtig, Geduld mit sich selbst und dem Partner zu haben. Es kann einige Zeit dauern, bis die neue Umgebung als Zuhause empfunden wird. Offene Kommunikation darüber, wie jeder mit den Herausforderungen umgeht, fördert das Verständnis. Manche Menschen tun sich leicht damit, in einem neuen Umfeld anzukommen, und leben sich schnell und unkompliziert ein, andere benötigen dafür etwas länger. Lassen Sie sich gegenseitig Zeit und unterstützen Sie sich beim Eingewöhnungsprozess.

- **Gemeinsame Ziele setzen:** Der Umzug kann auch eine Gelegenheit sein, gemeinsame Ziele zu setzen. Dies könnten berufliche Ambitionen, persönliche Entwicklung oder gemeinsame Hobbys in der neuen Stadt sein. Das Schaffen von Perspektiven für die Zukunft stärkt die gemeinsame Vision und fördert das Zusammengehörigkeitsgefühl, wie wir im Laufe dieses Buches bereits erfahren haben. Ein Umzug ist ein neues Abenteuer, mit dem neue Pläne einhergehen können.

Egal, um welches einschneidende Lebensereignis es sich handelt, die Grundprinzipien für den Umgang damit bleiben ähnlich: Kommunikation, Unterstützung, gemeinsame Zielsetzung und Anpassungsfähigkeit. Paare, die bereit sind, diese Prinzipien in schwierigen Zeiten anzuwenden, haben eine größere Chance, gestärkt aus den Herausforderungen hervorzugehen und ihre Beziehung durch die Krise sogar noch zu vertiefen.

UMGANG MIT SEXUELLEN ÄNGSTEN UND UNSICHERHEITEN

Sexuelle Unsicherheiten können aus einer Vielzahl von Quellen resultieren und sind in vielen Beziehungen ein weit verbreitetes, aber oft tabuisiertes Thema. Diese Unsicherheiten können durch persönliche negative Erfahrungen, gesellschaftliche Erwartungen, psychologische Faktoren, z. B. mentale Belastung/Stress, oder medizinische Probleme, z. B. Erektionsstörungen, entstehen. Die folgenden Ursachen sind besonders häufig anzutreffen:

- **Vergangene Erfahrungen:** Negative oder traumatische Erfahrungen in der Vergangenheit können zu einem tief verwurzelten Mangel an Vertrauen und Selbstwertgefühl führen. Dabei können die negativen Erfahrungen vielfältig sein. Manche Menschen denken ihr Leben lang an eine peinliche Situation zurück, die immer und immer wieder in den Gedanken auftaucht und die Situation unterbewusst belastet. Auch die negative Erfahrung eines schlechten Sex und der damit verbundenen Enttäuschung kann schnell zu einem Hemmfaktor werden. Bisweilen liegt die Ursache auch in traumatischen Erlebnissen, wie etwa einer sexuellen Nötigung oder in Missbrauchserfahrungen. Hier kann es sinnvoll sein, sich professionelle Hilfe zu suchen und gegebenenfalls eine (Sexual-) Therapie zu beginnen.

- **Gesellschaftliche Erwartungen und Normen:** Die Gesellschaft kann bestimmte Vorstellungen darüber vermitteln, wie Sex aussehen sollte und welche Standards erfüllt werden müssen. Dies kann zu einem Druck führen, den eigenen Körper oder die eigene Sexualität zu bewerten und sich selbst zu kritisieren, wenn man nicht den vermeintlichen Normen entspricht. Zum Beispiel vermittelt der Konsum von Pornographie vielen Menschen ein falsches Bild von normalem Sex. Die stark durchchoreographierten Sexfilme liefern uns vielmehr ein Zerrbild, das bestimmte Fantasien erfüllt, mit der Realität oft aber wenig zu tun hat. Lassen Sie sich daher nicht durch falsche Erwartungen bremsen, sondern stellen Sie die vermeintlichen Normen und Erwartungen hintan. Beim Sex mit Ihrem Partner zählt in erster Linie der beidseitige Lustgewinn und nichts anderes.

- **Körperbild und Selbstwertgefühl:** Unzufriedenheit mit dem eigenen Körperbild kann sich negativ auf das Selbstwertgefühl auswirken und zu sexuellen Unsicherheiten führen. Das Gefühl, nicht attraktiv genug zu sein oder den Erwartungen des Partners nicht gerecht zu werden, kann die sexuelle Intimität beeinträchtigen. Dabei ist es enorm wichtig, sich selbst anzunehmen und zu lieben, wie man ist. Sie müssen nicht perfekt sein und nicht dem idealisierten, normierten Bild entsprechen, das häufig in sozialen Medien vermittelt wird. Individualität und Charakter sind beim Sex genauso wichtig wie in anderen Bereichen des Lebens und Ihr Partner liebt Sie, so wie Sie sind. Es spricht natürlich nichts dagegen, zwei oder drei Kilo abzunehmen, wenn Sie das Gefühl haben, dadurch attraktiver zu werden, doch passen Sie auf, nicht in eine Spirale zu geraten, die aus Optimierungswahn und Leistungsdruck besteht. Nehmen Sie sich und Ihren Körper so an, wie Sie sind bzw. wie er ist, und lassen Sie ihn nicht zum Hindernis für sexuelle Aktivitäten werden.

- **Leistungsdruck und Angst vor Versagen:** Die Angst, den Erwartungen des Partners nicht gerecht zu werden oder sexuell nicht ausreichend zu performen, kann zu einem hohen Maß an Stress und Leistungsdruck führen. Diese Ängste können die sexuelle Lust hemmen und zu einer Abwärtsspirale führen. Wichtig ist hier die Kommunikation. Viele Menschen antizipieren vermeintliche Erwartungen des Partners, die dieser jedoch gar nicht hat. Auch wenn Sie das Gefühl haben, zu versagen oder nicht gut genug zu sein, ist für Ihren Partner vielleicht sogar alles in bester Ordnung. Sprechen Sie miteinander, um abstrakte Ängste und Sorgen abzubauen.

- **Kommunikationsprobleme:** Mangelnde Kommunikation über sexuelle Wünsche, Bedürfnisse und Grenzen kann zu Missverständnissen und Frustration führen. Wenn Partner nicht offen über ihre sexuellen Ängste und Unsicherheiten sprechen, können sie sich unverstanden und isoliert fühlen. Egal, ob positiv oder negativ, Sie sollten mit Ihrem Partner über alles sprechen können, was die Sexualität angeht. Versuchen Sie dabei, möglichst keine Tabus voreinander zu haben: lieber einmal offen miteinander gesprochen, als sich am Ende in einem Konflikt zu befinden.

Die Auswirkungen sexueller Unsicherheiten auf eine Beziehung können vielfältig sein und reichen von einer Abnahme der Intimität und des Verlangens bis hin zu Konflikten und Spannungen. Wenn ein Partner sich aufgrund von Unsicherheiten zurückzieht oder den anderen Partner meidet, kann dies den anderen Partner verunsichern und das Vertrauen in die Beziehung erschüttern. Die Angst vor Zurückweisung oder Ablehnung kann dazu führen, dass sich beide Partner zurückhalten und die sexuelle Verbindung leidet. Dabei ist Sex ein wichtiger Bestandteil einer gesunden Beziehung. Erfüllender Sex sollte für beide Seiten gewährleistet sein, weshalb es wichtig ist, die Unsicherheiten und Konfliktpotenziale abzubauen.

Um sexuelle Unsicherheiten in einer Beziehung zu bewältigen, ist es wichtig, das Thema offen anzusprechen und gemeinsam nach Lösungen zu suchen. Nachfolgend finden Sie einige Strategien, die Sie anwenden können, um mit Ihren sexuellen Ängsten und Unsicherheiten umzugehen:

- **Offene Kommunikation:** Ehrliche und offene Gespräche über sexuelle Wünsche, Bedürfnisse und Unsicherheiten sind entscheidend. Paare sollten einen sicheren Raum schaffen, um über ihre Gefühle zu sprechen, ohne Angst vor Verurteilung oder Kritik haben zu müssen.

- **Empathie und Verständnis:** Es ist wichtig, sich in die Gefühle und Bedürfnisse des Partners hineinzuversetzen und Verständnis zu zeigen. Anstatt zu urteilen oder zu kritisieren, sollten Partner einfühlsam sein und Unterstützung anbieten.

- **Gemeinsame Lösungen finden:** Anstatt sich gegenseitig die Schuld für ein eventuelles Nichtgelingen sexueller Aktivitäten zuzuschieben, sollten Sie besser gemeinsam nach Lösungen suchen. Dies kann sowohl die Suche nach professioneller Hilfe durch einen Therapeuten oder Sexualtherapeuten, der dabei hilft, die zugrunde liegenden Probleme zu identifizieren und Wege zur Bewältigung aufzuzeigen, als auch das Zwiegespräch beinhalten. Manche Probleme lassen sich auch ohne professionelle Anleitung bestens diskutieren und lösen. Wir werden zudem gleich noch den Sokratischen Dialog kennenlernen, eine Methode zur gemeinsamen Lösungsfindung über eine spezielle Form des Dialogs.

- **Intimität außerhalb des Schlafzimmers aufbauen:** Intimität und Verbundenheit können auch außerhalb des Schlafzimmers gefördert werden. Das gemeinsame Erleben von positiven Momenten und die Stärkung der emotionalen Bindung können dazu beitragen, das Vertrauen und die Nähe in der Beziehung zu stärken.

- **Körperpositives Umfeld schaffen:** Paare sollten daran arbeiten, ein unterstützendes und *körperpositives* Umfeld zu schaffen, in dem sie sich gegenseitig akzeptieren und wertschätzen. Das Hervorheben der Stärken des Partners und das Loben der körperlichen Attraktivität können das Selbstwertgefühl stärken und die sexuelle Anziehung fördern.
- **Kontinuierliche Selbstreflexion und Entwicklung:** Es ist wichtig, kontinuierlich an sich selbst und der Beziehung zu arbeiten. Paare sollten bereit sein, ihre eigenen Bedürfnisse und Grenzen zu reflektieren und sich weiterzuentwickeln, um eine erfüllende und befriedigende sexuelle Beziehung aufrechtzuerhalten.

Insgesamt erfordert der Umgang mit sexuellen Unsicherheiten in einer Beziehung Geduld, Empathie und gemeinsame Anstrengungen. Indem Sie offen über Ihre Gefühle sprechen, Verständnis füreinander zeigen und gemeinsam nach Lösungen suchen, können Sie Ihre emotionale sowie sexuelle Bindung nachhaltig stärken und die sexuelle Beziehung zu einer Stärke und nicht zu einem Konfliktpunkt in Ihrer Beziehung machen.

BEWÄLTIGUNG VON KONFLIKTEN UND KRISEN IN DER PARTNERSCHAFT

In einer Partnerschaft können sich Konflikte aus verschiedenen Quellen ergeben, die von grundlegenden Unterschieden in der Persönlichkeit bis hin zu unterschiedlichen Lebenszielen und Bedürfnissen reichen. Hier sind drei klassische Beziehungskonflikte, die viele Paare erleben, sowie fünf Übungen zur Lösung dieser Konflikte:

Unterschiedliche Probleme in der Partnerschaft

Kommunikationsprobleme:

Kommunikation ist das Rückgrat jeder gesunden Beziehung, aber viele Paare kämpfen mit Kommunikationsproblemen. Dies kann von Missverständnissen über mangelnde Offenheit bis hin zu Schwierigkeiten beim Ausdruck von Bedürfnissen und Gefühlen reichen. In mehreren Kapiteln und Abschnitten haben wir die Bedeutung von Kommunikation innerhalb einer Beziehung angesprochen, denn beinahe jeder Konflikt in einer Beziehung lässt sich in irgendeiner Weise auf schlechte oder ungenügende Kommunikation zurückführen.

Unterschiedliche Lebensziele und Prioritäten:

Wenn Partner unterschiedliche Vorstellungen von ihrem Leben und ihrer Zukunft haben, können Konflikte entstehen. Dies kann sich auf Fragen wie Karriere, Familienplanung, Wohnort oder Freizeitaktivitäten beziehen. Unterschiedliche Ziele können dabei zum regelmäßigen Konfliktherd werden, denn die langfristigen Lebensziele beeinflussen auch die aktuellen Verhaltensweisen des Partners. Wenn ein Partner etwa eine berufliche Karriere anstrebt, wird er schon heute viel Zeit und Energie in seine Arbeit investieren. Der andere Partner ist eher familienorientiert und plant seine Zukunft dahingehend. An diesem Punkt können Konfliktlinien entstehen.

Finanzielle Streitigkeiten:

Geld ist ein häufiger Streitpunkt in Beziehungen, sei es aufgrund unterschiedlicher Einstellungen zum Sparen und Ausgeben, finanzieller Ungleichheit oder aufgrund von Schulden aus der Vergangenheit. In Fragen zum Thema Geld spiegeln sich meist grundsätzlich verschiedene Einstellungen beider Partner: Der eine ist mehr auf Sicherheit und langfristige Planung bedacht, der andere lebt lieber für den Augenblick und ist genuss-/konsumorientierter. Bei Streitigkeiten um

Geld geht es also meist um mehr als um bloße Summen. Dennoch wird das Verhältnis zum Geld manchen Paaren (unnötigerweise) zum Verhängnis. Um diese Konflikte zu lösen und die Beziehung zu stärken, können Sie verschiedene Übungen und Strategien anwenden, wie z. B.:

Aktives Zuhören

Paare können lernen, aktiv zuzuhören, indem sie sich gegenseitig ihre Gedanken und Gefühle mitteilen, ohne zu unterbrechen oder zu urteilen. Dies bedeutet, dem Partner aufmerksam zuzuhören und seine Perspektive zu verstehen, bevor man selbst spricht. Aktives Zuhören ist also eine besondere Form der Kommunikation, die das gegenseitige Verständnis fördert. Dafür müssen jedoch bei beiden Gesprächspartnern gewisse Voraussetzungen gegeben sein. Der US-amerikanische Psychologe Carl Rogers hat drei Grundvoraussetzungen für das aktive Zuhören beschrieben:

- **Offene Grundhaltung:** Hierzu können verbale Äußerungen in Form von Zustimmung, nonverbale Äußerungen wie Nicken oder eine offene, zugewandte Körpersprache gezählt werden. Wir müssen uns einerseits in unser Gegenüber hineinversetzen können (Empathie) und andererseits offen für dessen Äußerungen sein.

- **Prinzipielles Wohlwollen:** Sowohl der zuhörende als auch der sprechende Gesprächspartner soll dem anderen grundsätzlich offen gegenübertreten. Man sollte den anderen respektieren und ihn als gleichwertigen Gesprächspartner akzeptieren. Dies nennt Rogers auch „Akzeptanz und positive Beachtung der anderen Person".

• **Authentisches Auftreten:** In unserer Kommunikation sollten wir stets versuchen, natürlich zu sein und uns nicht zu sehr zu verstellen. Wenn wir anders auftreten, als wir eigentlich empfinden, erschwert das unserem Gesprächspartner zudem seine empathische Grundhaltung, denn er weiß nicht, wie er mitfühlen soll, wenn wir unsere Gefühle nicht richtig offenbaren. Die Kommunikation sollte also offen erfolgen.

Übung: Aktives Zuhören

• **Genau hinhören und hinsehen:** Der grundlegende Bestandteil des aktiven Zuhörens ist das genaue Hinhören. Achten Sie auf die Worte und die Wortwahl Ihres Partners, aber auch auf dessen Gestik und Mimik. Will er eventuell etwas zwischen den Zeilen ausdrücken, was erst bei genauerem Hinhören offensichtlich wird? Gibt es bestimmte körpersprachliche Hinweise für bestimmte Emotionen? Hören und sehen Sie daher genau hin und lassen Sie sich während des Gesprächs keinesfalls ablenken. Konzentration und Aufmerksamkeit während des Dialogs sind die Basis des aktiven Zuhörens.

• **Nachhaken:** Sobald Sie irgendetwas nicht genau verstanden haben, haken Sie nach und lassen Sie es sich erklären. Selbst, wenn alles klar sein sollte, kann die aktive Frage als Signal an den Sender genutzt werden: „Ich höre dir zu, ich verstehe, was du mir sagen willst." Seien Sie also nicht bloß passiver Empfänger, sondern nehmen Sie auch dann jederzeit aktiv am Gespräch teil, wenn der andere spricht. Lassen Sie das Gesagte auf sich wirken und versichern Sie sich am Ende des Gesprächs noch einmal durch kurzes Nachhaken, dass Sie wirklich alles richtig verstanden haben.

- **Positive Signale senden:** Körpersprache und Stimmlage werden innerhalb eines Gesprächs oftmals vom Gegenüber gespiegelt. Wenn Sie eine offene Körperhaltung zeigen und sich zum Beispiel beim Sprechen nach vorne lehnen, wird Ihr Gegenüber sehr wahrscheinlich ebenfalls eine offene, zugeneigte Körpersprache zeigen. Sprechen Sie ruhig und betont, wird Ihr Gegenüber sich Ihrem Sprechrhythmus ebenfalls anpassen und ebenfalls ruhig und gelassen bleiben. Senden Sie daher während des aktiven Zuhörens positive Signale an den Partner aus und Sie werden sehen, dass Sie diese Positivität gespiegelt bekommen. So schaffen Sie eine angenehme Grundstimmung während eines Gesprächs.

Ich-Botschaften verwenden

Denken Sie im Falle eines auftretenden Beziehungskonflikts stets an die Art und Weise Ihrer Kommunikation. Das Senden von Ich-Botschaften wurde bereits thematisiert. Anstatt Vorwürfe zu formulieren, auf die der andere abweisend oder entnervt reagiert, schildern Sie Ihrem Partner die eigene Gefühlswelt: „Ich fühle mich schlecht, weil ..." Vergessen Sie niemals die Begründung, denn nur so kann Ihr Partner Ihre Empfindungen wirklich nachvollziehen. Das Senden von Ich-Botschaften kann man trainieren: Achten Sie darauf, jeden Satz in einem Streitgespräch mit einer Ich-Botschaft zu beginnen. So lassen sich viele Krisen bereits im Keim ersticken.

Kompromisse finden

Paare können lernen, Kompromisse zu finden, die die Bedürfnisse beider Partner berücksichtigen. Dies erfordert die Bereitschaft, aufeinander zuzugehen und gemeinsame Lösungen zu finden, die für beide akzeptabel sind. Auch zu diesem Thema haben Sie bereits Übungen kennengelernt. Es gibt vielerlei Möglichkeiten für Kompromisse. Kaum ein Problem kennt keinen Mittelweg, der für beide Parteien akzeptabel ist.

Wichtig ist, dass Sie beide danach suchen und dass niemand von Ihnen dennoch versucht, seine präferierte Lösung krampfhaft durchzusetzen.

Konfliktlösungstechniken anwenden

Konfliktlösungstechniken wie das Vermeiden von Eskalationen, das Anerkennen von Fehlern und das gemeinsame Suchen nach Lösungen können dazu beitragen, Konflikte zu entschärfen und die Harmonie in der Partnerschaft wiederherzustellen. Die Techniken und Übungen zur Lösung von Konflikten haben wir bereits an mehreren Stellen beleuchtet. Scheuen Sie den Konflikt nicht grundlegend, sondern seien Sie bereit dazu, miteinander zu streiten, allerdings nicht ziellos oder gar auf aggressive Weise, sondern stets mit dem Ziel der Aussprache und der Lösungsfindung. Am Ende des Konflikts sollten eine Lösung und eine gemeinsame Zukunftsperspektive entwickelt werden.

Paartherapie in Betracht ziehen

Wenn Konflikte schwerwiegend sind oder sich nicht allein lösen lassen, kann der Besuch bei einem Paartherapeuten eine effektive Lösung sein. Ein Therapeut kann dabei helfen, die zugrunde liegenden Probleme zu identifizieren und Wege zur Bewältigung aufzuzeigen. Lösen Sie sich von dem Gedanken, dass eine Therapie nur etwas für „kranke Menschen“ ist, dies ist lediglich ein gesellschaftliches Stigma. Vielmehr hilft Ihnen eine professionell angeleitete Paartherapie dabei, neue Perspektiven und Lösungsansätze für Ihre Beziehung zu gewinnen und diese so zu retten.

EXKURS: DER SOKRATISCHE DIALOG

Lassen Sie uns in diesem Kapitel noch einen kurzen Exkurs wagen und über eine Methode zur Verbesserung der gemeinsamen Kommunikation und zur Lösung von Alltagsproblemen sprechen: den *Sokratischen Dialog*. Doch was darf man darunter überhaupt verstehen?

Was ist ein Sokratischer Dialog?

Definition: Kurz gesagt ist der Sokratische Dialog eine Methode zur Gesprächsführung, bei der ein Dialogpartner durch gezielte Fragen sein Gegenüber erkennen lässt, dass dieses falsche Annahmen, Denk- und Logikfehler begeht oder über Scheinwissen verfügt.

Der Fragende nimmt dabei (in Anlehnung an Sokrates – „Ich weiß, dass ich nicht weiß“) die Rolle eines Nicht-Wissenden ein. Er stellt bloß einfache Fragen, die auf den ersten Blick keinerlei Implikation haben, sondern das Gegenüber lediglich zum Denken anregen sollen. So führt der Fragesteller seinen Dialogpartner zu der Erkenntnis, dass er die Fragen nicht in vollem Umfang beantworten kann und somit neu über die Fragestellung nachdenken muss. Es handelt sich also um eine Methode zur Anregung von Selbstreflexion und Selbsterkenntnis.

Obgleich die Methode des Sokratischen Dialogs aus der Antike herrührt, ist sie auch heute noch aktuell und daher keineswegs als verstaubt oder altmodisch zu bezeichnen. In unserer heutigen Zeit geht es jedoch weniger um den Gewinn fundamentaler philosophischer Erkenntnis als vielmehr um die Anwendung der sokratischen Methode auf konkrete Probleme des Alltags. Vor allen Dingen Probleme im beruflichen oder Beziehungskontext können mit Hilfe eines Sokratischen Dialogs besprochen werden.

Oftmals laufen soziale Konflikte zwischen zwei Personen, unabhängig davon, ob sie sich ein Büro oder ein Schlafzimmer teilen, nach einem bestimmten Schema ab. Person A tut oder unterlässt etwas, worauf Person B wütend reagiert. Person A reagiert wiederum wütend auf diese Reaktion und derselbe Konflikt wird in Bezug auf unterschiedliche Themen immer wieder aufs Neue ausgefochten.

Sokrates (geb. 469 v. Chr.; gest. 399 v. Chr. in Athen) war ein griechischer Denker, der heute der Philosophie zugerechnet wird. Die akademische Philosophie, wie wir sie heute kennen, wurde als Begriff erst später geprägt, jedoch von Sokrates maßgeblich mitbeeinflusst. Den Großteil seines Lebens verbrachte er in seiner Geburtsstadt Athen, wo er in der von ihm ins Leben gerufenen Akademie viele weitere, als bedeutend angesehene Philosophen, wie etwa Platon, unterrichtete.

Jener Platon ist zugleich auch die wichtigste Quelle, die wir heute in Bezug auf Sokrates heran-ziehen können. Er selbst hinterließ keinerlei schriftliche Aufzeichnungen, weshalb seine Biografie schwer zu rekonstruieren ist. Laut Platons Dialogen wurde Sokrates im Jahr 399 v. Chr. im Alter von 70 Jahren hingerichtet, woraus sich das Geburtsjahr 469 v. Chr. rekonstruieren lässt. Zum Tode verurteilt wurde der Denker aus recht diffusen Gründen wie „Ablehnung der staatlich anerkannten Gottheiten" oder „Verführung der Jugend". Tatsächlich scheinen viele Thesen von Sokrates politisch nicht opportun gewesen zu sein, weshalb die Machthaber in Athen sich seiner entledigten.

Zu seinen Lebzeiten revolutionierte er allerdings die Denkweise vieler Zeitgenossen und wird bis heute als eine der, wenn nicht die, zentrale Figur der antiken Philosophie angesehen. Als Erster stellte er zum Beispiel menschliche Bedürfnisse und Moralvorstellungen in das Zentrum seiner Überlegungen. Die Philosophie orientierte sich also nicht mehr nur an der Betrachtung natürlicher oder göttlicher Phänomene, sondern vor allem am Menschen als Subjekt. Weitere Fragen, die ihn umtrieben, waren die politische Philosophie, zum Beispiel die Konstitution der Poleis (Stadtstaaten) oder die Herausbildung von Rechtsnormen, aber auch eine kritische Reflexion von Sprache und Rhetorik sowie tradierter Erzählungen und Mythen. Insbesondere die Polis interessierte Sokrates – der Begriff beschreibt nicht nur die antike griechische Stadt, sondern auch die Konstitution der Gesellschaft, die in der Stadt lebte.

Wie läuft der Sokratische Dialog ab?

In der Literatur wird der Sokratische Dialog meist in sechs Gesprächsphasen unterteilt.

1. Frage / Thema: Der Sokratische Dialog beginnt zunächst mit dem Thema des Gesprächs, also mit einer Fragestellung. Das Thema hängt dabei vom konkreten Problem ab. Meist beginnt der eine Partner mit einer Schilderung seines Problems oder er wirft direkt eine Frage in den Raum, die ihn beschäftigt. Die Schilderung des Problems kann jedoch auch narrativ erfolgen, der andere Partner stellt dabei Nachfragen (aktives Zuhören).

Eine direkte Frage wäre zum Beispiel: „Warum liebst du mich nicht mehr so wie früher?" Eine narrative Erzählung würde in etwa so aussehen: „Ich fühle mich oft von dir alleingelassen, du fragst mich selten nach meinen Empfindungen, willst nicht mehr so viel von mir wissen. Deshalb denke ich, dass du mich nicht mehr so liebst wie zu Beginn unserer Beziehung." Beide Einstiege sind vollkommen in Ordnung, manche tun sich mit dem Formulieren einer konkreten Frage schwerer als andere und manchmal weiß man selbst nicht genau, welche Frage man überhaupt stellen möchte. Wichtig ist hier wieder einmal auch das aktive Zuhören des anderen Partners.

2. Scheinbares Wissen / Versuch einer Definition: Nach der kurzen Erörterung der Eingangsfrage oder der Definition des Themas des Sokratischen Dialogs ist es die Aufgabe des Partners, sein scheinbares Wissen zu präsentieren, auf das er seine Einschätzung stützt. „Warum denkst du das?" und „Wie kommst du zu dieser Einschätzung?" wären typische Rückfragen.

In unserem Beispiel glaubt der Partner, zu wissen, dass ihn der andere nicht mehr in demselben Maße liebt wie zuvor, und es gibt sicherlich gute Gründe, warum er zu dieser Einschätzung gelangt ist. Die Darlegung dieser Gründe ermöglicht es dem anderen Partner, die

Situation besser einzuschätzen und die richtigen Rückfragen zu stellen. Der Partner führt also aus, dass er das Gefühl hat, nicht geliebt zu werden, weil der andere Partner sich nicht mehr ausreichend mit ihm beschäftige.

Daraus folgt bereits eine Definition des Begriffs der Liebe oder des Geliebt-Werdens, denn offensichtlich geht es dem Partner in unserem Beispiel darum, dass er sich nicht verstanden oder geborgen fühlt. Das Gefühl der Geborgenheit/Vertrautheit und das Erleben einer Reaktion auf die Schilderung von Gefühlen sind also Aspekte, welche die Empfindung, geliebt zu werden, determinieren.

3. Prüfung und Widerlegung: Die Aufgabe beider Partner ist es nun, dieses vermeintliche Wissen zu dekonstruieren, also zunächst zu prüfen und am Ende zu widerlegen. Dies geschieht, wie wir bereits gelernt haben, im Dialog. Vermeiden Sie Sätze wie „Das stimmt doch überhaupt nicht" oder „Du erzählst Unsinn", sondern beginnen Sie, Fragen zu stellen: „Gibt es denn keine Ausnahme? Erinnerst du dich nicht an das Gespräch, das wir letzte Woche geführt haben?"

Der Partner beginnt daraufhin, intensiver nachzudenken, und erinnert sich verstärkt an Situationen aus der näheren Vergangenheit, in denen Intimität und Vertrautheit zu spüren waren. Eine andere mögliche Frage zum Hinterfragen des vermeintlichen Wissens wäre: „Hast du in letzter Zeit überhaupt versucht, ein Gespräch mit mir zu führen?" Manche Menschen neigen dazu, aufgrund der negativen Glaubenssätze, die sie als Wahrheit auffassen, keine Versuche mehr zu unternehmen, sich das Gegenteil zu beweisen. Eventuell führt allein das vermeintliche Wissen, dass der Partner kein Interesse an einem hat, zu einem Verhalten, das diese These automatisch bestätigt.

4. Erkenntnis des Nichtwissens / Aporie: Der in Gang gesetzte Denk- und Reflexionsprozess führt beim Partner dazu, dass er sein Nicht-Wissen erkennt. Sein vermeintliches Wissen, seine verfestigten

Glaubenssätze, ist am Ende kein wirkliches Wissen, sondern bloße Annahme. Weil er davon ausgegangen ist, dass er nicht geliebt wird, hat er sich emotional von vornherein verschlossen.

Die Erkenntnis eines inhärenten Widerspruchs nennt man in der Philosophie auch Aporie. Eine Frage kann nicht zufriedenstellend gelöst werden, da der Gegenstand der Frage oder die Begriffe, die zu ihrer Definition gebraucht werden, widersprüchlich sind. Sokrates bezeichnete die Aporie als unlösbare Problemstellung, mit der er seine Gesprächspartner bewusst konfrontierte, um einen Stimulus zur Suche nach der wahren Erkenntnis zu liefern.

5. Erneute Aufnahme der Frage / Suche nach Wissen: Nachdem der Partner die Aporie erkannt hat, kann die Frage erneut, dieses Mal unter einem anderen Vorzeichen, diskutiert werden. Wenn das vermeintlich geäußerte Wissen sich als falsch oder irrig erwiesen hat, muss schließlich stattdessen neues Wissen generiert werden: „Was fangen wir nun mit dieser Erkenntnis an?"

Beide Partner müssen sich nun selbst reflektieren. Der Partner, der sich nicht geliebt fühlte, kann nun reflektieren, wie das Gefühl, ehrlich geliebt und geschätzt zu werden, bei ihm zustande kommt und was der andere Partner tun kann, um es hervorzurufen. Außerdem kann etwa die Beziehung zu den Eltern oder die erste Liebesbeziehung zu Schulzeiten reflektiert werden. In welchen Momenten fühlte man sich ungeliebt? Wo ist man auf Ablehnung gestoßen? Und war dies tatsächliche Ablehnung, die als solche artikuliert wurde, oder handelte es sich damals schon um ein Gefühl?

Eine Analyse der sozialen und emotionalen Beziehungen zu verschiedenen Zeitpunkten und mit verschiedenen Leuten im engeren Umfeld kann zu einem neuen Wissen führen, das das alte, falsche Wissen ersetzt, und alte, negative Glaubenssätze können durch neue ergänzt oder ersetzt werden.

6. (Selbst-) Erkenntnis: Am Ende des Sokratischen Dialogs steht also eine Erkenntnis – „Wann fühle ich mich geliebt und wie kann mein Partner mir dieses Gefühl vermitteln?“ Die Antwort darauf kann simpel sein, zum Beispiel, dass man sich nach tieferen, regelmäßigeren Gesprächen sehnt oder nach einer Umarmung, also einer körperlichen Resonanz.

Die Antwort kann allerdings auch komplexer sein und tiefergreifende Beziehungsarbeit erforderlich machen. In jedem Fall haben beide Partner durch den Prozess der Selbstreflexion eine Selbsterkenntnis generiert, die ohne die Ausformulierung einer Frage, den Widerspruch oder das Hinterfragen des Dialogpartners und der daraufhin initiierten Reflexion nicht möglich gewesen wäre.

Wie hilft der Sokratische Dialog mir bei meiner Beziehung?

Konkret dient der Sokratische Dialog als Hilfestellung in der Beziehung, indem immer wieder aufkommende Fragen erörtert werden. Konträre Ansichten der Partner zu einem konkreten Sachverhalt, die in der Konsequenz zu einem Konflikt führen können, werden offensichtlich und können im selben Schritt diskutiert werden. Dadurch findet nicht nur eine Selbstreflexion bei beiden Partnern statt, sondern Probleme in der Beziehung können effektiv gelöst werden. Betrachten wir zum Abschluss dieses Exkurses ein weiteres Beispiel zur Verdeutlichung:

Sie: „Du kommst so selten abends pünktlich nach Hause, dabei sollte man in einer Beziehung viel Zeit miteinander verbringen.“

Er: „Was bedeutet selten für dich und was viel?“

Sie: „Selten ist für mich an weniger als der Hälfte der Tage, viel wäre entsprechend mehr als die Hälfte. Vielleicht sogar noch ein wenig mehr. Eigentlich würde ich gerne fünf Tage in der Woche mit Dir verbringen.“

Die Frau argumentiert zunächst normativ mit ihrem Empfinden – nämlich, dass man in einer Beziehung viel Zeit miteinander verbringen sollte. Hier könnte bereits der erste Konflikt liegen, wenn der Mann zum Beispiel sagen würde, dass er diese Einschätzung nicht teilt und er Beziehungen gesünder findet, wenn die Partner sich nicht so häufig sehen. Doch dies tut er nicht, es herrscht also offenbar Klarheit über die grundsätzliche Frage. Er stellt daher eine wichtige Frage (Definition der Begriffe): „Was ist für dich selten und was viel?“ Diese Frage ist essentiell, um den Konflikt und die Position der Partnerin zu verstehen. Viel bedeutet für sie viermal, eher fünfmal die Woche.

Er: „Das ist interessant. Bei mir ist es eher anders, ich finde ein- bis zweimal die Woche normal, alles, was darüber liegt, finde ich viel. Nicht zu viel, aber auch nicht auffällig wenig. Ich würde also sagen, dass wir viel Zeit miteinander verbringen.“

Sie: „Wir haben also unterschiedliche Auffassungen. Würde es dich denn stören, wenn wir noch einen Tag mehr hätten? Oder wenn wir uns einen festen Tag in der Woche nehmen, zum Beispiel den Mittwoch, an dem wir dann abends immer etwas zusammen unternehmen?“

Er: „Das können wir gerne tun. Ich genieße es, meine Zeit relativ frei einteilen zu können, aber wenn wir uns einen festen Tag aussuchen, ist das doch eine gute Lösung. Ansonsten würde ich gerne etwas freier in meiner Wochengestaltung bleiben, so wie jetzt.“

Die Erkenntnis, dass beide lediglich unterschiedliche Auffassungen haben, was viel und was wenig bedeutet, stellt sich bei beiden schnell ein. Beide können sich darauf verständigen, dass es wünschenswert wäre, wenn jeder auf seine Kosten kommt, sie in Form eines festen Tages zusammen, er, indem er die restlichen Tage freier planen kann. Wir haben es hier mit einem klassischen Kompromiss zu tun. Die Frage wurde zwar nicht explizit wieder aufgenommen, doch das Gespräch folgt in seinem Schema dem Sokratischen Dialog. Am Ende steht die Erkenntnis, dass der Konflikt am besten durch einen

Kompromiss zu lösen ist, bei dem jeder der beiden auf seine Kosten kommt. Durch die Frage nach dem Was – „Was bedeutet es?" – wurde ein grundsätzliches Missverständnis geklärt, welches die Beziehung belasten könnte.

Der Sokratische Dialog kann also zur langfristigen Stärkung der Beziehung durch die grundsätzliche Klärung von Positionen und das Vermeiden von Missverständnissen beitragen.

SELBSTPFLEGE FÜR EINE GESUNDE BEZIEHUNG

Selbstpflege ist ein Konzept, das sich auf bewusste Handlungen und Aktivitäten bezieht, die dazu dienen, das körperliche, geistige und emotionale Wohlbefinden einer Person zu fördern. Es ist ein Akt der Selbstachtung und Selbstfürsorge, der darauf abzielt, die eigenen Bedürfnisse zu erkennen und ihnen angemessen nachzukommen. Selbstpflege umfasst eine Vielzahl von Praktiken, die darauf abzielen, Stress abzubauen, emotionale Stabilität zu fördern und das allgemeine Empfinden zu verbessern.

In einer Beziehung ist Selbstpflege von entscheidender Bedeutung, da sie dazu beiträgt, dass beide Partner ihre individuellen Bedürfnisse erfüllen und sich selbst lieben können – getreu dem buddhistischen Glaubenssatz, dass man erst dann ein Segen für andere Menschen sein kann, wenn man mit sich selbst im Einklang steht. Wenn jeder Partner sich um sein eigenes Wohlbefinden kümmert, schafft dies eine gesunde Basis, auf der die Beziehung gedeihen kann. Selbstpflege kann dazu beitragen, dass jeder Partner seine persönlichen Grenzen erkennt und respektiert, was wiederum die Kommunikation und das Verständnis in der Partnerschaft verbessert. Dies wirkt sich positiv auf die emotionale und körperliche Verbundenheit aus. Darüber hinaus kann Selbstpflege dazu beitragen, Stress abzubauen und emotionale Ausgeglichenheit zu fördern, was sich positiv auf die Qualität der Beziehung auswirkt.

Folgende Übungen helfen Ihnen dabei, Selbstpflege aktiv als Teil Ihrer Beziehung zu etablieren:

Übungen: Selbstpflege als Paar

- **Gemeinsame Entspannungsübungen:** Setzen Sie sich gemeinsam hin und praktizieren Sie Entspannungstechniken wie Meditation, progressive Muskelentspannung oder Atemübungen. Nehmen Sie sich Zeit, um gemeinsam zu entspannen und den Stress des Alltags hinter sich zu lassen. Diese Übungen können dazu beitragen, eine Atmosphäre der Ruhe und Gelassenheit in der Beziehung zu schaffen und das allgemeine Wohlbefinden zu verbessern.

- **Persönliche Auszeiten:** Vereinbaren Sie regelmäßig Zeiten, in denen jeder Partner Zeit für sich allein hat, um seinen eigenen Interessen und Hobbys nachzugehen. Diese persönlichen Auszeiten ermöglichen es beiden Partnern, sich auf sich selbst zu konzentrieren und ihre individuellen Bedürfnisse zu erfüllen. Indem beide Partner Zeit alleine verbringen, können sie ihre Batterien aufladen und sich selbst besser kennenlernen, was sich positiv auf die Beziehung auswirken kann.

- **Gemeinsame Aktivitäten zur Selbstfürsorge:** Planen Sie regelmäßig gemeinsame Aktivitäten, die dazu dienen, das Wohlbefinden und die Selbstfürsorge zu fördern. Das kann zum Beispiel ein gemeinsamer Spaziergang in der Natur, ein Wellness-Tag zu Hause oder ein gemeinsames Kochen eines gesunden Essens sein. Indem Sie solche Aktivitäten gemeinsam durchführen, unterstützen Sie sich gegenseitig bei der Selbstfürsorge und stärken Ihre Bindung als Paar.

Indem Sie diese Übungen regelmäßig in Ihren Alltag integrieren, können Sie Selbstpflege zu einem festen Bestandteil Ihrer Beziehung machen und dazu beitragen, dass Sie beide sich in Ihrer Beziehung glücklich, gesund und erfüllt fühlen. Pflegen Sie sich selbst, um auch ein Segen für Ihren Partner sein zu können – auf diese Weise profitieren beide gleichermaßen von einer harmonischeren und gestärkten Paarbeziehung.

Sexualität in der Partnerschaft: Die große Toolbox

In der modernen Sexualtherapie liegt ein starker Fokus darauf, Partnerschaften zu stärken und eine positive Einstellung gegenüber Sexualität zu fördern. Hierbei spielen alltägliche Übungen eine entscheidende Rolle, um Paaren dabei zu helfen, ihre Intimität zu vertiefen und ihre sexuelle Beziehung zu verbessern. Diese Übungen sind darauf ausgerichtet, Vertrauen aufzubauen, Kommunikation zu fördern und gemeinsame sexuelle Erfahrungen zu schaffen, die beide Partner genießen können.

ZIELE

Vertrauensbildung

Eine der grundlegenden Säulen einer gesunden sexuellen Beziehung ist das *Vertrauen* zwischen den Partnern. Ohne Vertrauen können Unsicherheiten und Ängste entstehen, die die Intimität beeinträchtigen. Daher sind Vertrauensübungen in der Sexualtherapie von großer Bedeutung. Basale Übungen zur Stärkung und Einübung des Vertrauens sind z. B.:

- **Blindvertrauen:** Ein Partner schließt die Augen, während der andere ihn führt. Dies kann durch einfaches Spazierengehen oder auch durch Berührungen geschehen. Das Vertrauen, dass der führende Partner die Sicherheit des anderen gewährleistet, stärkt die Bindung.

• **Ehrliche Offenheit:** Beide Partner setzen sich für einen bestimmten Zeitraum zusammen und teilen ehrlich ihre Gedanken, Wünsche und Ängste bezüglich ihrer sexuellen Beziehung. Dies fördert Offenheit und Verständnis füreinander.

Kommunikationsförderung

Eine offene und respektvolle Kommunikation ist entscheidend für eine erfüllende sexuelle Beziehung. Partnerschaftliche sexpositive Übungen in der Sexualtherapie zielen darauf ab, die Kommunikation zwischen den Partnern zu verbessern.

• **Sexuelle Wünsche-Liste:** Jeder Partner erstellt eine Liste mit seinen sexuellen Wünschen, Fantasien und Vorlieben. Anschließend tauschen Sie die Listen aus und besprechen, welche Wünsche Sie gerne gemeinsam erkunden möchten.

• **Grenzen-Liste:** Auch können die Partner jeweils Listen mit ihren persönlichen sexuellen Grenzen erstellen, um sich gegenseitig mitzuteilen, was für sie eher nicht in Frage kommt.

• **Nonverbale Kommunikation:** Die Partner üben, auf nonverbale Signale der anderen Person zu achten und entsprechend zu reagieren. Dies kann durch Augenkontakt, Berührungen oder Körperhaltung geschehen und fördert ein tieferes Verständnis füreinander.

Gemeinsame sexuelle Erfahrungen

Das Erleben gemeinsamer sexueller Erfahrungen kann die Bindung zwischen Partnern stärken und das Gefühl der Intimität vertiefen. In der partnerschaftlichen Sexualtherapie werden verschiedene Übungen angeboten, um dies zu ermöglichen.

- **Sinnliche Erforschung:** Partner nehmen sich Zeit, um den Körper des anderen sinnlich zu erforschen, ohne dabei auf sexuellen Genuss abzuzielen. Dies kann durch sanfte Berührungen und Massagen geschehen, um die sensorische Wahrnehmung zu stärken. Dabei können neue Vorlieben auf eine langsame und sichere Art und Weise entdeckt werden.

- **Fantasieerfüllung:** Die Partner ermutigen sich gegenseitig, ihre sexuellen Fantasien zu teilen und zu erforschen. Dabei wird Wert darauf gelegt, dass Fantasien respektvoll und einvernehmlich umgesetzt werden, um die sexuelle Erfahrung für beide Partner bereichernd zu gestalten. Auch hier hilft es, vorher ausführlich zu kommunizieren.

Partnerschaftliche sexpositive Übungen in der Sexualtherapie bieten Paaren die Möglichkeit, ihre Beziehung zu vertiefen und eine erfüllende sexuelle Intimität zu erleben. Durch den Aufbau von Vertrauen, die Förderung offener Kommunikation und das Erleben gemeinsamer sexueller Erfahrungen können Paare eine tiefe Bindung aufbauen und ihre sexuelle Beziehung auf neue Ebenen bringen.

ÜBUNGEN

Rücken an Rücken

Die Übung „Begegnung Rücken an Rücken" ist eine einfache, aber wirkungsvolle Übung, die in der Paar- und Sexualtherapie eingesetzt wird, um die Verbindung zwischen Partnern zu stärken und die Kommunikation beider Partner miteinander zu fördern. Bei dieser Übung sitzen oder stehen die Partner mit dem Rücken zueinander und nehmen bewusst Kontakt auf, ohne sich dabei anzusehen. Die Übung kann in verschiedenen Kontexten durchgeführt werden, sei es in einem

Therapieraum unter Anleitung eines Therapeuten oder auch zu Hause als Teil eines regelmäßigen Übungsprogramms für Paare.

Die Durchführung der Übung ist einfach: Die Partner setzen sich oder stehen entspannt mit dem Rücken zueinander. Sie können sich auf einem Bett, auf dem Boden oder auf Stühlen positionieren, je nachdem, was für sie bequem ist. Wichtig ist, dass sie eine bequeme und entspannte Haltung einnehmen können, um die Übung vollständig genießen zu können.

Sobald die Partner in Position sind, beginnen sie, ihre Atmung zu synchronisieren. Sie können dies tun, indem sie sich gegenseitig spüren und versuchen, im Einklang zu atmen. Dieser Schritt fördert ein Gefühl der Verbundenheit und des Zusammenseins.

Während sie sich auf ihre Atmung konzentrieren, können die Partner beginnen, sanft ihre Rücken aneinander zu lehnen oder sich gegenseitig leicht zu umarmen. Es geht darum, eine einfache körperliche Verbindung herzustellen, ohne dabei auf visuelle Reize oder verbale Kommunikation zu setzen.

Während der Übung können die Partner auch dazu ermutigt werden, über ihre Gefühle und Empfindungen zu sprechen. Sie können sich gegenseitig Fragen stellen wie „Wie fühlst du dich gerade?“ oder „Was denkst du über diese Übung?“. Der Fokus liegt darauf, sich auf die gegenwärtigen Empfindungen zu konzentrieren und diese offen und ehrlich miteinander zu teilen.

Die Vorteile der Übung „Begegnung Rücken an Rücken" sind vielfältig:

- **Förderung der Verbundenheit:** Durch die körperliche Nähe und die synchronisierte Atmung fühlen sich die Partner enger miteinander verbunden und erleben ein Gefühl der Nähe und Intimität.
- **Stärkung des Vertrauens:** Indem die Partner sich darauf verlassen, dass der andere sie unterstützt und an ihrer Seite ist, während sie sich mit dem Rücken zueinander befinden, wird das Vertrauen gestärkt.
- **Verbesserung der Kommunikation:** Die Übung fördert das Gespräch über Gefühle und Empfindungen, was dazu beiträgt, die Kommunikation zwischen den Partnern zu verbessern und Missverständnisse abzubauen.
- **Entspannung und Stressabbau:** Die bewusste Atmung und die körperliche Nähe helfen dabei, Stress abzubauen und eine tiefe Entspannung zu erreichen. Dies kann dazu beitragen, Spannungen in der Beziehung zu reduzieren und ein Gefühl der Gelassenheit zu fördern.

Insgesamt ist die „Begegnung Rücken an Rücken"-Übung eine einfache, aber effektive Methode, um die Verbundenheit zwischen Partnern zu stärken, das Vertrauen zu festigen und sich sozusagen zu synchronisieren. Durch regelmäßige Durchführung kann sie einen wertvollen Beitrag zur Beziehungsarbeit leisten – die Regelmäßigkeit ist dabei aber ein wichtiger Faktor. Nur wenn Sie die Übung in wiederkehrenden zeitlichen Abständen ausführen, kann sich der entsprechende Effekt einstellen.

Bewusster und intensiver Augenkontakt

Die Übung des bewussten, intensiven Augenkontakts ist eine weitere wirkungsvolle Methode, die in der Paar- und Sexualtherapie eingesetzt wird, um die Verbindung zwischen Partnern nachhaltig zu vertiefen und die emotionale Intimität zu stärken.

Bei dieser Übung setzen sich die Partner gegenüber und nehmen bewusst und intensiv Augenkontakt miteinander auf, ohne dabei wegzusehen oder abzulenken. Dies erfordert Konzentration und Offenheit, da der Augenkontakt oft als intensiv und berührend empfunden wird.

Während des Augenkontakts sollten die Partner dazu ermutigt werden, sich auf ihre Gefühle und Empfindungen zu konzentrieren und diese anschließend miteinander zu besprechen. Diese Übung kann sowohl im Rahmen einer therapeutischen Sitzung als auch in privater Atmosphäre durchgeführt werden. Suchen Sie sich hierzu vor allem ein ruhiges Umfeld, in dem Sie die Übung ungestört ausführen können.

Auch diese Übung bietet Ihnen zahlreiche Vorteile und einen großen Mehrwert für Ihre Beziehung:

- **Vertiefung der Verbundenheit:** Durch den intensiven Augenkontakt erleben die Partner eine tiefe Verbundenheit und Nähe zueinander, die das Gefühl der Intimität stärken und die Beziehung vertiefen. Jemandem in die Augen zu schauen kann dabei durchaus intim, sogar erotisch sein. Auch ganz ohne Körperkontakt und sexuell konnotierte Berührung entsteht eine tiefe Verbundenheit.

- **Stärkung des Vertrauens:** Indem die Partner sich gegenseitig in die Augen schauen und sich dabei offen und ehrlich zeigen, wird das Vertrauen zwischen ihnen gestärkt. Der ununterbrochene Blickkontakt signalisiert Offenheit und Bereitschaft zur emotionalen Nähe auf der nonverbalen kommunikativen Ebene (Körpersprache).

- **Förderung der Empathie:** Der bewusste Augenkontakt ermöglicht es den Partnern, sich intensiv aufeinander einzustellen und die Gefühle und Empfindungen des anderen besser zu verstehen. Dies fördert Empathie und Verständnis füreinander.
- **Verbesserung der Kommunikation:** Durch den Augenkontakt können nonverbale Signale und Emotionen besser wahrgenommen und interpretiert werden. Dies trägt dazu bei, die Kommunikation zwischen den Partnern zu verbessern und Missverständnisse zu vermeiden.

Insgesamt ist die Übung des bewussten, intensiven Augenkontakts eine effektive Methode, um die Verbundenheit und Intimität zwischen Partnern zu stärken. Durch das gemeinsame Empfinden und Durchleben von Emotionen, während der intensive Blickkontakt stets bestehen bleibt, wird eine starke Paarbindung aufgebaut. Es werden intime Momente kreiert, die Ihnen dabei helfen, die Empathie und das Gefühl füreinander nachhaltig zu verbessern.

Gemeinsames Atmen

Die Übung des „Gemeinsamen Atmens" ist eine einfache, aber kraftvolle Methode, die in der Paar- und Sexualtherapie verwendet wird, um die Verbindung und das Vertrauen zwischen Partnern zu stärken sowie die Intimität zu fördern. Bei dieser Übung setzen sich die Partner gegenüber oder nebeneinander und konzentrieren sich darauf, ihre Atmung zu synchronisieren. Diese Übung kann in einem ruhigen Raum durchgeführt werden, in dem die Partner ungestört sind und sich vollständig aufeinander konzentrieren können.

Die Durchführung der Übung beginnt damit, dass die Partner eine bequeme Sitz- oder Liegeposition einnehmen. Sie können sich auf dem Boden oder auf Stühlen gegenübersitzen oder auch nebeneinanderliegen, je nachdem, was für sie angenehm ist. Der wichtigste Aspekt ist, dass beide Partner eine entspannte Haltung einnehmen und sich darauf konzentrieren können, ihre Atmung zu synchronisieren. Sobald die Partner in Position sind, beginnen sie, sich auf ihre Atmung zu konzentrieren. Sie können dabei die Augen schließen, um sich besser auf ihre inneren Empfindungen zu konzentrieren, oder sich gegenseitig in die Augen schauen, um eine zusätzliche Verbindung herzustellen. Der Fokus liegt darauf, bewusst und tief zu atmen und dabei den Atemrhythmus des Partners zu spüren.

Während des gemeinsamen Atmens können die Partner dazu ermutigt werden, sich gegenseitig sanft zu berühren oder zu umarmen, um die Verbundenheit zu stärken. Diese Berührungen können subtil sein, wie zum Beispiel das Halten der Hände oder das Streichen über den Arm des Partners, oder auch intensiver, wie eine liebevolle Umarmung. Der Zweck dieser Berührungen ist es, die physische Nähe und

Intimität zwischen den Partnern zu fördern und ein Gefühl der Sicherheit und Geborgenheit zu vermitteln.

Während sie gemeinsam atmen, können die Partner auch dazu ermutigt werden, positive Gedanken und Gefühle füreinander zu kultivieren. Sie können sich gegenseitig liebevolle Botschaften oder Komplimente geben und sich dabei bewusst sein, wie sich diese positiven Emotionen in ihrem Körper manifestieren. Dies trägt dazu bei, eine Atmosphäre der Liebe, Wertschätzung und Unterstützung zu schaffen.

Die Vorteile der Übung „Gemeinsames Atmen" sind ebenfalls vielfältig:

- **Vertiefung der Verbundenheit:** Durch das synchronisierte Atmen und die physische Nähe erleben die Partner eine tiefe Verbundenheit und Intimität zueinander, die das Gefühl der Nähe und des Zusammenseins stärken.

- **Stärkung des Vertrauens:** Indem die Partner sich darauf verlassen, dass der andere ihren Atemrhythmus teilt und sie unterstützt, wird das Vertrauen zwischen ihnen gestärkt. Der gemeinsame Atem symbolisiert Einheit und Zusammengehörigkeit.

- **Förderung der Entspannung:** Das bewusste und tiefe Atmen hilft dabei, Stress abzubauen und eine tiefe Entspannung zu erreichen. Dies kann dazu beitragen, Spannungen in der Beziehung zu reduzieren und ein Gefühl der Gelassenheit zu fördern.

- **Steigerung der Achtsamkeit:** Durch die Konzentration auf die Atmung und die inneren Empfindungen werden die Partner achtsamer für sich selbst und füreinander. Dies trägt dazu bei, die Wahrnehmung und das Verständnis füreinander zu vertiefen.

Insgesamt ist die Übung des „Gemeinsamen Atmens“ eine effektive Methode, um die Verbundenheit und Intimität zwischen Partnern zu stärken, das Vertrauen zu festigen und die Entspannung zu fördern. Durch regelmäßige Durchführung können Sie sich emotional wie auch körperlich annähern.

Die emotionale Nähe spielt jedoch auch bei der körperlichen Nähe eine tragende Rolle, wie die folgende Übung verdeutlicht.

Slow Sex

Die Praxis des „Slow Sex“ ist eine bewusste und achtsame Herangehensweise an sexuelle Intimität, die in der Paar- und Sexualtherapie verwendet wird, um die Verbindung zwischen Partnern zu vertiefen, die Sinnlichkeit zu fördern und eine tiefere sexuelle Erfüllung zu erreichen. Im Gegensatz zu konventionellem Sex, der oft von einem schnellen und zielorientierten Ansatz geprägt ist, stellt Slow Sex die Qualität der Erfahrung über die Quantität und legt Wert auf Entschleunigung, Genuss und Achtsamkeit.

Die Durchführung von Slow Sex beginnt oft damit, dass die Partner sich Zeit nehmen, um sich gegenseitig zu erkunden und sinnliche Berührungen auszutauschen. Dies kann durch Streicheln, Massieren oder Küssen geschehen, wobei der Fokus darauf liegt, die Empfindungen und Reaktionen des Partners achtsam wahrzunehmen und zu genießen.

Während des Slow Sex nehmen die Partner bewusst langsameres und tieferes Atmen an, um sich mit ihren Körpern und Empfindungen zu verbinden. Sie können sich auch gegenseitig liebevolle Worte sagen oder sich tief in die Augen sehen, um die emotionale Verbundenheit zu verstärken.

Die eigentliche sexuelle Aktivität im Slow Sex kann ebenfalls langsamer und sinnlicher sein als beim herkömmlichen Sex. Die Partner konzentrieren sich darauf, jede Berührung, Bewegung und Empfindung vollständig zu genießen, anstatt sich auf ein schnelles Erreichen des Orgasmus zu konzentrieren. Dies kann das Eintauchen in den Moment und eine tiefere sexuelle Erfüllung ermöglichen.

Die Vorteile von Slow Sex gegenüber herkömmlichem Sex sind vielfältig und reichen von der Stärkung der Beziehung bis hin zur Steigerung des sexuellen Vergnügens:

- **Vertiefung der Verbindung:** Slow Sex ermöglicht es den Partnern, sich auf einer tieferen Ebene zu verbinden, da sie sich gegenseitig achtsam erkunden und auf die Bedürfnisse des anderen eingehen. Dies fördert eine intimere und liebevollere Beziehung.

- **Stärkung des Vertrauens:** Indem die Partner sich die Zeit nehmen, sich gegenseitig zu erkunden und sinnliche Erfahrungen zu teilen, wird das Vertrauen zwischen ihnen gestärkt. Slow Sex erfordert Offenheit, Kommunikation und gegenseitige Empathie, was zu einem stärkeren Band führen kann.

- **Förderung der Sinnlichkeit:** Slow Sex ermöglicht es den Partnern, sich bewusst auf ihre Sinne zu konzentrieren und die sinnlichen Freuden des Körpers vollständig zu genießen. Dies kann zu einem intensiveren und erfüllenderen sexuellen Erlebnis führen.

- **Reduzierung von Stress und Angst:** Durch die Entschleunigung und Achtsamkeit beim Slow Sex können Partner Stress abbauen und sich entspannen. Dies kann dazu beitragen, Ängste und Spannungen abzubauen, die das sexuelle Vergnügen beeinträchtigen können.

- **Steigerung des sexuellen Vergnügens:** Indem die Partner sich Zeit nehmen, um sich gegenseitig zu erkunden und sinnliche Freuden zu erleben, können sie ein tieferes und intensiveres sexuelles Vergnügen erleben als beim herkömmlichen Sex. Slow Sex ermöglicht es ihnen, den Moment vollständig zu genießen und die sexuelle Erfahrung auszudehnen.

Insgesamt bietet Slow Sex eine alternative Herangehensweise an sexuelle Intimität, die eine tiefere Verbindung, mehr Sinnlichkeit und eine erhöhte sexuelle Erfüllung ermöglichen kann. Durch die bewusste Praxis von Slow Sex können Paare ihre Beziehung vertiefen und ein erfüllteres sexuelles Leben führen.

ERFÜLLENDE SELBSTBEFRIEDIGUNG PRAKTIZIEREN

Selbstbefriedigung ist eine wichtige Methode, um die eigene Sexualität zu erkunden, das Lustempfinden zu steigern und das sexuelle Wohlbefinden zu fördern. Es mag zunächst paradox klingen, dass Selbstbefriedigung in einer Beziehung helfen soll – schließlich geht es doch um Sex mit dem Partner und nicht mit sich selbst. Doch beides hängt eng zusammen.

Sexuelle Vorlieben können durch Selbstbefriedigung erforscht werden, zudem kann Selbstbefriedigung durchaus eine gewisse Einfühlsamkeit und ein Gespür für eigene Bedürfnisse und den eigenen Körper vermitteln. Dies wiederum kommt auch Ihrem Partner zugute. Unterschätzen Sie daher nicht den Wert erfüllender Selbstbefriedigung für eine Partnerschaft. Hier sind einige Schritte und Tipps für eine nicht nur dem Namen nach, sondern auch tatsächlich befriedigende Selbstbefriedigung:

- **Setzen Sie sich eine feste Zeit und einen festen Raum:** Planen Sie bewusst Zeit für Ihre Selbstbefriedigung ein und schaffen Sie sich eine angenehme und entspannte Umgebung hierfür. Das kann ein ruhiges Zimmer sein, in welchem Sie ungestört Ihren Fantasien und Gedanken nachhängen können, oder ein Ort, an dem Sie sich wohl fühlen und sich entspannen können. Wichtig ist, die Selbstbefriedigung nicht einfach „im Vorbeigehen" zu erledigen oder einem Impuls nachzugehen, der Sie plötzlich überkommt. Nehmen Sie sich die Zeit und schaffen Sie den entsprechenden Rahmen.

- **Erkunden Sie Ihren Körper:** Nehmen Sie sich Zeit, Ihren eigenen Körper zu erkunden und herauszufinden, was Ihnen Lust bereitet. Experimentieren Sie mit verschiedenen Berührungen, Streicheln und Druck, um herauszufinden, was sich gut anfühlt und was nicht. Von dieser Erfahrung profitiert schließlich auch Ihr Partner, denn wenn Sie wissen, was Sie befriedigt, kann er sich entsprechend darauf einstellen.

- **Nutzen Sie Hilfsmittel:** Es gibt eine Vielzahl von Hilfsmitteln und Spielzeugen, die die Selbstbefriedigung noch angenehmer machen können. Von Vibratoren über Dildos bis hin zu Masturbationsärmeln gibt es für jeden Geschmack und jedes Bedürfnis das passende Spielzeug. Zögern Sie nicht, diese zu verwenden. Es ist heute bei Weitem kein Tabu mehr, zum Sexspielzeug zu greifen.

- **Fantasie einbeziehen:** Lassen Sie Ihrer Fantasie freien Lauf und erlauben Sie sich, erotische Gedanken zu haben, während Sie sich selbst berühren. Das kann die sexuelle Erregung steigern und das Lustempfinden intensivieren. Sprechen Sie gegebenenfalls mit Ihrem Partner über Ihre Fantasien, denn diese sagen viel über Ihr Lustempfinden aus.

- **Atmen Sie bewusst:** Konzentrieren Sie sich während der Selbstbefriedigung auf Ihre Atmung und versuchen Sie, bewusst und tief zu atmen. Eine tiefe Atmung kann dabei helfen, Spannungen abzubauen und das Lustempfinden zu steigern.

- **Probieren Sie verschiedene Variationen aus:** Experimentieren Sie mit verschiedenen Techniken und Bewegungen, um herauszufinden, was sich für Sie am besten anfühlt. Von langsamen, sinnlichen Berührungen bis hin zu schnelleren und intensiveren Bewegungen gibt es viele Möglichkeiten, sich selbst zu befriedigen.

- **Entdecken Sie neue erogene Zonen:** Neben den offensichtlichen erogenen Zonen wie Genitalien und Brustwarzen gibt es viele andere Bereiche des Körpers, die empfindlich auf Berührungen reagieren können. Erforschen Sie Ihren Körper und entdecken Sie neue erogene Zonen, die Sie erregen können.

- **Genießen Sie den Moment:** Lassen Sie sich vollständig auf den Moment ein und genießen Sie die körperlichen Empfindungen, die die Selbstbefriedigung mit sich bringt. Entspannen Sie sich, seien Sie geduldig mit sich selbst und erlauben Sie sich, das Vergnügen zu fühlen. Sie sind im Hier und Jetzt und genießen den Moment so, wie er ist.

- **Betreiben Sie Nachsorge:** Nach der Selbstbefriedigung ist es wichtig, für eine angemessene Nachsorge zu sorgen. Das kann bedeuten, sich zu entspannen, etwas zu trinken oder sich zu duschen. Nehmen Sie sich Zeit, um sich nach der Selbstbefriedigung zu entspannen und zu erholen und so die Entspannung noch bewusster wahrzunehmen.

Die Selbstbefriedigung ist eine natürliche und gesunde Möglichkeit, die eigene Sexualität zu erforschen und das Lustempfinden zu steigern. Indem Sie sich selbst erkunden und Ihre Bedürfnisse und Vorlieben entdecken, können Sie ein erfülltes und befriedigendes sexuelles Leben führen.

Workbook

In diesem zusätzlichen Kapitel werden wir noch einmal auf die zentralen Punkte aus dem vorherigen Text eingehen und zu jedem dieser Aspekte einige kurze, alltagstaugliche Übungen betrachten, die Sie bequem in Ihren Beziehungsalltag einbauen können, um Ihre Bindung als Paar zu stärken. Auch die entsprechenden Impulsfragen werden hier noch einmal erörtert.

STÄRKUNG DER PARTNERSCHAFTSGRUNDLAGE

Impulsfragen:

- Welcher Bindungstyp bin ich? / Welcher Bindungstyp ist mein Partner?
- Welche Beziehungskonstellation ergibt sich daraus?
- Warum sind wir ein Paar?
- Was sind unsere Gemeinsamkeiten und Unterschiede?
- Was zieht uns am jeweils anderen an?
- Was ist das Fundament, auf dem unsere Beziehung aufbaut?

Gehen Sie die Fragen gemeinsam durch und identifizieren Sie so die Gründe, warum Sie ein Paar sind und in welcher Beziehungskonstellation Sie sich begegnen. Haben Sie erst einmal die Partnerschaftsgrundlage herausgearbeitet, gilt es im nächsten Schritt, diese zu stärken. Wir verdichten und verstärken das Fundament, auf dem Ihre Beziehung aufgebaut ist.

Übung: Liebesbeweise

In einer guten und gesunden Partnerschaft beweist man sich hin und wieder gegenseitig seine Liebe und Zuneigung. Solche Liebesbeweise können die Partnerschaft enorm stärken und zeigen beiden Partnern, wie wichtig sie füreinander sind. Liebesbeweise können dabei in sehr unterschiedlichen Formen erbracht werden – vom klassischen Blumenstrauß über den Liebesbrief bis hin zu einem Ständchen oder zur Erledigung von Aufgaben im Haushalt, die der andere partout nicht ausstehen kann, ist vieles denkbar. Notieren Sie daher die Liebesbeweise, die Ihr Partner für Sie bereits erbracht hat, die er aktuell erbringt und welche Sie sich in Zukunft von ihm wünschen würden:

- Was hat mein Partner in der Vergangenheit getan, damit ich mich geliebt und umsorgt gefühlt habe?
- Was tut er aktuell bzw. was hat er in der unmittelbaren Vergangenheit (die letzten drei Tage) für mich in dieser Hinsicht getan? Was wünsche ich mir von meinem Partner in der Zukunft diesbezüglich?
- Welche Liebesbeweise präferiere ich persönlich?
- Was kann ich für meinen Partner tun, damit er sich umsorgt und geliebt fühlt?
- Wie kann ich also selbst einen Liebesbeweis erbringen?

Beide Partner notieren sich getrennt voneinander diese vier Punkte. Sie sind sich nun im Klaren darüber, wie Sie Liebesbeweise erhalten und wie Sie selbst welche geben können. Führen Sie das Notizbuch im Alltag fort und halten Sie so die alltäglichen Liebesbeweise fest, die unter Umständen sonst verloren gehen. Sollten Sie das Gefühl haben, von Ihrem Partner keine mehr zu erhalten, können Sie anhand der Notizen besser darüber sprechen:

A: „Ich habe das Gefühl, keine Liebesbeweise mehr von dir zu erhalten."

B: „Was würdest du dir wünschen? Was kann ich tun, um dir meine Liebe zu beweisen?"

VERBESSERUNG DES ZUHÖRENS UND DER EMPATHIE

Impulsfragen:

• Wie höre ich meinem Partner am besten zu, um möglichst viel über ihn und seine Gefühlswelt zu erfahren?

• Was denkt oder fühlt der andere?

• Wie kann ich anhand von Aussagen oder körpersprachlichen Signalen herausfinden, wie mein Partner fühlt?

• Wie lerne ich, mich möglichst gut in ihn hineinzuversetzen?

Dieses Kapitel lebt, noch mehr als die anderen, von der konkreten Situation, in der die Fragen gestellt werden, und von den konkreten Personen, die sie betreffen. Jeder Mensch denkt, fühlt und kommuniziert anders, weshalb es schwierig, beinahe unmöglich, ist, Empathie zu standardisieren. Wir können allerdings die Grundfähigkeiten des Einfühlungsvermögens erlernen und somit besser darin werden, sich auf unser Gegenüber auf einer individuellen Ebene einzulassen. Gerade in der Partnerschaft ist dabei das Zuhören unerlässlich. Hören Sie einander gut und vor allem aktiv zu, das heißt, stellen Sie aktiv Nachfragen, sobald Ihnen etwas unklar ist. Achten Sie auf Gefühlsregungen beim Partner und versuchen Sie, sich in seine Lage hineinzuversetzen: Wie würde ich mich in der Situation fühlen, die er gerade beschreibt? Auch hier sei zusätzlich eine weitere alltagsnahe Übung genannt:

Übung: Die kindliche Frageperspektive

Haben Sie eigene Kinder? Oder vielleicht Neffen, Nichten oder gar Nachbarskinder? Wenn ja, ist Ihnen sicherlich schon aufgefallen, dass fast alle Kinder es lieben, Fragen zu stellen – und zwar aus dem einfachen Grund, dass sie noch nicht so viel über die Welt wissen. Viele Dinge sind neu für sie und bevor man sie nicht versteht, fragt man lieber einen Erwachsenen. Der kann das doch sicher erklären! Ferner haben Kinder oft das Bedürfnis, den Dingen auf den Grund zu gehen.

Nehmen wir an, ein Kind sieht in einem Kinderbuch die Zeichnung eines Löwen und fragt, „Kann ich hier auch einem Löwen begegnen?", und der Vater antwortet mit: „Nein, Löwen leben nicht in Europa." Sie können sich fast sicher sein, dass das Kind mit „Warum?" zurückfragen wird. Wieder antwortet der Vater, „Weil Löwen sich hier nicht wohlfühlen", und wahrscheinlich folgt erneut die Nachfrage: „Warum?" Das geht so lange weiter, bis das Kind der Meinung ist, verstanden zu haben, warum ihm auf dem Weg zur Grundschule kein Löwe über den Weg laufen kann.

Genau diese kindliche Frageperspektive ist es, die uns einerseits lehrt, aktiv zuzuhören, und andererseits Empathie hervorruft. Die Frage nach dem „Warum", also den Gründen und Hintergründen für eine Emotion oder eine Stimmung, ist essentiell, um den anderen zu verstehen:

„Ich fühle mich heute nicht gut." – „Warum?"; „Ich habe schlecht geschlafen." – „Warum?"; „Ich mache mir zu viele Gedanken vor dem Einschlafen." – „Warum und worüber machst du dir Gedanken?" usw.

Fragen Sie immer nach, bis Sie verstanden haben, was Ihren Partner belastet. Verstehen Sie dessen Gefühle und wie er auf bestimmte Situationen reagiert – etwa mit Stress, Verzweiflung und Enttäuschung, aber auch Freude, Entspannung oder Zufriedenheit. Nur so können Sie verstehen, was Sie tun können, um ihm zu helfen, in eine positive Stimmung hineinzukommen – und das sollte schließlich das Ziel einer gesunden Partnerschaft sein.

UMSETZUNG POSITIVER KOMMUNIKATIONSMUSTER

Impulsfragen:

- Wie wollen wir miteinander kommunizieren? Worauf achten wir dabei?
- Welche Kommunikationsmuster sorgen bei mir für eine Abwehrhaltung / führen bei mir zu negativen Reaktionen?
- Welche Kommunikationsmuster rufen diese bei meinem Partner hervor?
- Auf welche kommunikativen Grundregeln können wir uns einigen, um konfliktfrei und auf Augenhöhe mit gegenseitigem Respekt miteinander zu kommunizieren?

In beinahe jedem Kapitel des Ratgebers haben wir betont, wie wichtig Kommunikation für das Gelingen einer Partnerschaft ist – und das zu Recht, denn eine große Anzahl an Beziehungskonflikten entstehen aus einer schlechten Kommunikation heraus. Seien Sie offen und ehrlich miteinander und sprechen Sie an, was Sie sich von Ihrem Partner wünschen, verbalisieren Sie diese Wünsche deutlich und belassen Sie es nicht nur bei bloßen Andeutungen, um Missverständnissen vorzubeugen. Kommunizieren Sie auf Augenhöhe miteinander und begegnen Sie sich als gleichberechtigte Personen mit einer positiven und offenen Grundhaltung dem anderen gegenüber.

Formulieren Sie Ich-Botschaften anstelle von Vorwürfen, damit Ihr Gegenüber weiß, wie Sie sich fühlen und was es tun kann, damit es Ihnen besser geht. Seien Sie offen für die vier Seiten einer Nachricht, sowohl für die inhaltliche als auch für die Beziehungs- und Appellebene. Fragen Sie nach, wenn Sie etwas nicht verstehen, denn auch das beugt Missverständnissen vor und erleichtert so die Kommunikation. Beide Partner sollten einander aktiv zuhören (wie bereits erwähnt) und mit Interesse und einem offenen Ohr in ein Gespräch mit dem Partner hineingehen. Um Ihre alltägliche Kommunikation zu stärken, empfiehlt sich folgende Übung:

Übung: Gewaltfrei kommunizieren

Um auf Augenhöhe und ohne Verletzung von Gefühlen miteinander zu sprechen, sollten Sie je-derzeit gewaltfrei miteinander kommunizieren. Dabei dürfen Sie sich Gewalt in diesem Kontext nicht als körperliche Gewalt vorstellen. Dass Sie während eines Gesprächs nicht handgreiflich werden sollten, versteht sich natürlich von selbst. Gewaltfrei bedeutet in diesem Fall, dass auch in den Worten, Gesten oder Emotionsausdrücken der Partner während des Gesprächs keine Aggressionen, Vorwürfe oder (verbalen) Angriffe enthalten sein sollten. Gewaltfreie Kommunikation fußt dabei auf vier Grundsätzen: Beobachtungen, Gefühle, Bedürfnisse, Bitten.

- **Beobachtungen:** Beobachten Sie Ihren Partner und hören Sie auf das, was er sagt. Versuchen Sie dabei, auch kleine Gefühlsregungen oder körpersprachliche Signale wahrzunehmen. Seien Sie dabei wachsam und sprechen Sie, wenn Sie ein bestimmtes Verhalten, eine Gestik oder eine Mimik beobachtet haben, direkt an, welche Schlussfolgerungen Sie daraus ziehen: „Ich sehe, du schaust ein wenig traurig. Ist etwas nicht in Ordnung?" Beobachtung ist auch ein enorm wichtiger Baustein zum Aufbau von Empathie innerhalb der Beziehung.

- **Gefühle:** Sprechen Sie klar und deutlich aus, was Sie fühlen und warum Sie so fühlen – „Ich fühle mich verletzt, weil ..." Versuchen Sie nach Möglichkeit, immer eine Begründung mitzugeben, da-mit der andere nicht nur weiß, wie Sie sich fühlen, sondern auch eine Vorstellung davon bekommt, wie er sein Verhalten gegebenenfalls anpassen kann, um das negative Gefühl beim Partner nicht mehr aufkommen zu lassen.

• **Bedürfnisse:** Was wünschen Sie sich von Ihrem Partner? Welche Bedürfnisse stecken dahinter? Wenn Sie sich verletzt fühlen, weil Sie zu wenig Aufmerksamkeit von Ihrem Partner erhalten, er sich also in Ihren Augen zu wenig um Sie kümmert, steckt dahinter das Bedürfnis nach Nähe und Geborgenheit. Formulieren Sie bestenfalls ein Bedürfnis aus.

• **Bitten:** Aus dieser Formulierung des Bedürfnisses folgt wiederum die Bitte – „Ich würde dich bitten, dass Du mehr Zeit mit mir verbringst, denn sonst fühle ich mich einsam und nicht wertgeschätzt." Geben Sie Ihrem Partner etwas Konkretes an die Hand, das er verbessern kann, um Sie in der Beziehung glücklicher zu machen.

Sie werden sehen, dass die gewaltfreie Kommunikation Ihnen in der Partnerschaft enorm weiterhilft, um konfliktfrei und lösungsorientiert miteinander zu sprechen.

VERTRAUENSAUFBAU UND -PFLEGE

Impulsfragen:

• Vertraue ich meinem Partner grundsätzlich und wenn ja, warum / und wenn nein, warum (nicht)?

• Hat es in der Vergangenheit einen Vertrauensbruch gegeben und wenn ja, wie sind wir damit umgegangen?

• Welche Gesten, Aktionen, Maßnahmen meines Partners helfen mir, Vertrauen zu gewinnen?

• Was kann ich tun, damit mein Partner (mehr) Vertrauen in mich gewinnt?

Vertrauen ist die Basis, auf der die Beziehung solide und fest steht. Auch wenn ein Sturm das Haus erschüttert, wird das Haus nicht zusammenbrechen, wenn das Fundament solide genug ist. Das bedeutet, dass Sie mit einer soliden Vertrauensgrundlage viele Konflikte oder Krisen in der Beziehung überstehen können, ohne die Beziehung als solche insgesamt in Zweifel zu ziehen. Dabei sollte in einer Beziehung ein Grundvertrauen vorhanden sein, schließlich lieben Sie Ihren Partner. Das heißt, Sie vertrauen ihm grundsätzlich, denn Sie teilen sehr intime Momente mit ihm, die Sie sonst wahrscheinlich mit niemandem teilen würden. Selbst, wenn das Grundvertrauen vorhanden ist, empfiehlt es sich jedoch, in einer Partnerschaft das Vertrauen durch aktive Gesten oder Worte zu stärken. Hierbei empfehlen sich Äußerungen wie z. B.: „Du kannst mir alles erzählen, was dich bedrückt, ich werde es niemandem weitererzählen. Du kannst mir vertrauen."

Zu einer Beziehungskrise kann es dann kommen, wenn Vertrauen missbraucht wird, also ein Partner das Gefühl hat, dem anderen nicht mehr vertrauen zu können. In diesem Fall muss das Vertrauen auf alle Fälle repariert werden, denn auf Dauer kann kein Haus solide stehen, wenn das Fundament bröckelt. Hier sind aktive Beweise der Vertrauenswürdigkeit vonnöten, zudem bedarf es eines hohen Maßes an offener und ehrlicher Kommunikation. Gehen wir jedoch nicht gleich vom Worst-Case-Szenario aus, sondern schauen wir uns vielmehr an, wie Sie in Ihrem Alltag genügend Vertrauen aufbauen können, um es hoffentlich niemals zu einem Vertrauensbruch kommen zu lassen.

Übung: Geheime Gedanken und Gefühle teilen

Viele von uns denken, dass der eigene Partner mit Sicherheit keine Geheimnisse vor einem hat – man erzählt sich doch sowieso alles. Doch diese Einschätzung ist oftmals nicht ganz richtig, denn in der Regel hat jeder Mensch seine kleinen Geheimnisse oder zumindest kleine, geheime Fantasien, die er nicht mit anderen Menschen teilt. Wichtig ist zunächst, dass natürlich jeder Mensch das Recht auf ein kleines Geheimnis hat. Man muss nicht alles mit der Außenwelt teilen, auch nicht mit dem eigenen Partner. Als vertrauensstiftende Maßnahme kann es aber überaus effektiv sein, zumindest das eine oder andere kleine Geheimnis mit dem Partner zu teilen.

Teilen Sie einen Gedanken mit dem Partner, den Sie bisher noch mit niemandem geteilt haben: „Denkst du nicht auch manchmal, dass die Welt viel schöner wäre, wenn ..." Oder aber Sie verraten ihm etwas über Ihre Träume, denn diese sind ebenfalls geheim, da nur Sie sie geträumt haben und vielleicht noch nicht einmal wirklich wissen, was sie bedeuten. Erzählen Sie daher Ihrem Partner von dem schrägen Traum, den Sie gestern Nacht hatten, und rätseln Sie gemeinsam, was der Hintergrund dieses Traums sein könnte. Dies stärkt das Vertrauen und macht zudem Spaß. Ein anderes intimes „Geheimnis", das Sie mit Ihrem Partner teilen können, kann auch eine erotische Fantasie sein, die Sie schon immer einmal hatten, aber sich nie getraut haben, sie auszuprobieren. Einerseits öffnen Sie sich damit und schaffen Vertrauen, andererseits besteht so die Chance, dass Ihr Partner einwilligt und Ihr kleines Geheimnis schon bald real werden kann.

EFFEKTIVE KONFLIKTLÖSUNG UND KOMPROMISSFINDUNG

Impulsfragen:

- Welche Konflikte beschäftigen uns in unserer Beziehung immer wieder?
- Wie werden diese Konflikte ausgelöst? Welches sind die Triggerpunkte?
- Worauf können wir uns einigen?
- Wie können wir gemeinsam einen guten Kompromiss finden? / Wie sieht ein guter Kompromiss generell aus?

Trotz kommunikativer Rücksichtnahme und Empathie ist also ein Konflikt in Ihrer Beziehung aufgetreten. Doch machen Sie sich keine Gedanken, es gibt vermutlich keine gesunde Beziehung auf der Welt, die ohne einen einzigen Konflikt auskommt. Machen Sie sich daher keine Gedanken, denn ein Konflikt ist noch keine ernsthafte Gefahr für Ihre Beziehung. Es kommt immer darauf an, was Sie aus dem Konflikt machen und wie Sie beide damit umgehen. Ein souveräner und relativ gelassener Umgang mit Konflikten zeichnet dabei eine stabile Beziehung aus. Wenn beide Partner wissen, dass ihre Bindung im Grunde stabil und gesund ist, wissen sie auch, dass ein einziger Konflikt daran nichts ändern wird. Darüber hinaus lassen sich die meisten Konflikte über einen Kompromiss lösen. Versuchen Sie daher, eine für beide Parteien annehmbare Einigung zu finden, die Sie beide mit einem guten Gefühl zurücklässt, niemand sollte das Gefühl haben, übervorteilt worden zu sein. Auf Dauer ist eine Beziehung dann am gesündesten und langlebigsten, wenn beide Partner eine gemeinsame Basis gefunden haben, aufgrund derer sie Kompromisse abschließen und so Konflikte beenden können. Die folgende Übung hilft Ihnen bei der Kompromissfindung:

Übung: Annäherung an das Wesentliche

Wenn Sie an einem Kompromiss arbeiten, gab es zunächst scheinbar einen Dissens, eine Meinungsverschiedenheit. Oder anders gesagt: Ihr Partner und Sie vertreten eine unterschiedliche Position. Um zu einem fairen Kompromiss zu gelangen, der die Bedürfnisse beider Seiten in gleichem Maße berücksichtigt, müssen Sie zunächst Ihre jeweiligen Positionen klar und deutlich machen. Setzen Sie sich daher gegenüber und nähern Sie sich Schritt für Schritt der gemeinsamen Lösung an. Zuerst formuliert Partner A seine Position: „Ich möchte, dass wir in diesem Sommer einen gemeinsamen großen Urlaub als Paar machen." Partner B erwidert: „Mir steht es dieses Jahr nicht nach einem großen Urlaub, ich möchte lieber hier bleiben."

Diese Positionen wirken zunächst unvereinbar, aber dennoch können Sie einen Schritt aufeinander zugehen, nähern Sie sich dem Kern des Problems an.

Partner A: „Warum möchtest du keine Reise mit mir unternehmen? Möchtest du keine Zeit mit mir verbringen?"

Partner B: „Doch, natürlich möchte ich Zeit mit dir verbringen, mir steht der Sinn nur nicht danach, so weit weg zu fliegen oder so lange wegzubleiben."

Das Problem ist also nicht, dass ein Partner nicht mehr Zeit mit dem anderen verbringen will, es geht lediglich um den Ort. Den einen zieht es in die Ferne, der andere möchte lieber in der vertrauten Umgebung bleiben. Der Kern des Problems ist also der unterschiedliche Wunsch, zu reisen, nicht die Zeit, die zusammen verbracht werden soll. Ein Kompromiss könnte also wie folgt aussehen:

Partner A: „Na gut, was hältst du davon: Wir unternehmen einen einwöchigen Städtetrip, vielleicht in die Niederlande, nach Belgien oder Österreich. Dann sind wir in der Nähe und nicht zu lange weg, aber ich komme auch einmal heraus und kann etwas anderes sehen als unsere Nachbarschaft."

Partner B: „Das ist eine gute Idee, wir sparen uns den Flug, verbringen eine Woche gemeinsam woanders und eine Woche gemeinsam hier."

Auf diese Art und Weise ist niemand unzufrieden oder enttäuscht und auf beide Bedürfnisse wurde Rücksicht genommen.

VERTIEFUNG DER INTIMITÄT

Impulsfragen:

- Welche Bedürfnisse nach emotionaler und körperlicher Intimität verspüre ich? Welche Bedürfnisse nach emotionaler und körperlicher Intimität verspürt mein Partner? Was können wir beide tun, um die Intimität zu vertiefen?

- In welchen Phasen/Situationen in der Beziehung würde ich mir mehr Intimität wünschen?

Intimität unterscheidet die Liebes- oder Paarbeziehung von anderen Beziehungsarten. Freunde, Bekannte, Nachbarn oder Kollegen können ebenfalls Teil unserer sozialen Umwelt sein, doch echte Intimität stellt sich nur mit einem Partner ein, den wir lieben und der uns wichtig ist. Des-halb sollte der Faktor Intimität in der Beziehung unter keinen Umständen vernachlässigt werden. Der Begriff kann dabei sowohl für eine emotionale Verbundenheit gebraucht werden als auch für eine körperliche. Emotionale Verbundenheit hängt eng mit dem soeben nochmals erörterten Begriff des Vertrauens zusammen. Wenn wir unserem Partner vertrauen, uns sicher, wohl und geborgen bei ihm fühlen, ist eine Form der emotionalen Intimität hergestellt. Auf der anderen Seite stehen die körperlichen Bedürfnisse beider Partner – man spricht umgangssprachlich auch davon, dass zwei Menschen miteinander „intim werden" und meint damit in aller Regel Sex oder sexuell konnotierte Handlungen. Erotik spielt im Feld der Intimität ebenfalls eine große Rolle, denn der Mensch ist ein körperliches Wesen und auch die körperlichen Bedürfnisse wollen in einer Beziehung erfüllt sein, ansonsten kann es zu einem Gefühl von fehlender Befriedigung und von Unzufriedenheit mit der Beziehung an sich kommen.

Um dieses zu vermeiden, sollten Sie die Intimität in Ihrem Alltag immer wieder leben. Lassen Sie sich nicht durch den (vermeintlichen) Stress oder die Langeweile des Alltags davon abbringen, intime Momente in Ihrer Partnerschaft zu genießen. Sie werden sehen, dass Sie befreiter und glücklicher durch Ihren Alltag gehen, wenn Sie diese Momente bewusst erleben und genießen. Machen Sie sich die Bedeutung von Intimität bewusst, und zwar sowohl von emotionaler als auch von körperlicher Seite. Es gibt indes zahlreiche Intimitätsübungen, die Sie in Ihren Alltag integrieren können. Einige davon haben wir im entsprechenden Kapitel dieses Buches bereits behandelt. Hier lernen Sie eine weitere Übung zur Vertiefung der Intimität kennen:

Übungen: Intimität erhöhen

- **15 Minuten Zärtlichkeit:** 15 Minuten sollten Sie am Tag füreinander Zeit haben, schließlich leben Sie in einer festen Partnerschaft – egal, wie stressig der Alltag ist, die Ausrede, dass man keine 15 Minuten Zeit habe, gilt nicht. Bei der 15-minütigen Intimitätsübung setzen Sie sich nebeneinander auf die Couch oder eine andere bequeme Sitzgelegenheit und berühren sich, indem Sie beispielsweise den Arm über die Schulter des anderen legen, Händchen halten oder eine Hand aufs Bein des anderen legen. Es geht bei dieser Übung nicht um eine sexuelle Form der Berührung, sondern vielmehr darum, den anderen zu spüren, eine körperliche und intime Nähe aufzubauen, ohne dass diese sexuell konnotiert sein muss. Auch eine Massage, zum Beispiel des Kopfes, kann zu einer solchen körperlichen Intimität führen. Streicheln Sie sich dazu langsam über den Haaransatz, genießen Sie beide diese Zeit bewusst und spüren Sie die Intimität, die dabei entsteht. Diese 15 Minuten können enorm wertvoll sein, denn sie stärken die körperliche Verbindung und Intimität, die sich auch auf die emotionale oder sexuelle Intimität übertragen kann.

• **Ununterbrochenes Zuhören:** Wenn sinnliche, das heißt erotische Nähe sich nicht einstellen will, kann dies mit der emotionalen Nähe zusammenhängen. Fehlt diese, kann es schwer werden mit der körperlichen Nähe, denn dafür bedarf es viel Vertrauen und Verbundenheit. Eine Übung, die eine starke emotionale Nähe herstellen kann, ist das ununterbrochene Zuhören. Hier geht es nicht wie bei den Konfliktgesprächen um aktives Zuhören, also nicht darum, möglichst viel nachzufragen und möglichst genau zu verstehen, was der andere sagt, sondern eher darum, dem Partner einen geschützten Raum zu bieten, in dem er all das loswerden kann, was ihm auf der Seele brennt. Ein Partner beginnt und erzählt all das, was ihn beschäftigt, dabei kommt es nicht auf eine strukturierte Erzählweise oder einen roten Faden an, sondern auf freie Assoziation, auf einen sogenannten Stream of Consciousness, also einen Gedankenstrom, der wie ein wildes Gewässer erst einmal ohne eine bestimmte Zielsetzung fließt. Der andere Partner hört einfach zu, er unterbricht nicht, er hakt nicht ein, sondern lässt den Strom auf sich wirken. Erst im Nachgang können Sie über das soeben Gesagte sprechen. Danach kann der andere Partner ebenso erzählen, ohne unterbrochen zu werden. Das Gefühl, alles sagen zu können, alles miteinander teilen zu können, löst ein hohes Maß an Verbundenheit und Vertrautheit aus, das wiederum zu intimen Momenten führen kann.

LANGFRISTIGE PLANUNG UND WEITERENTWICKLUNG

Impulsfragen:

- Was sind unsere gemeinsamen Pläne? / Welche Pläne unterscheiden uns?
- Wie finden wir hinsichtlich unserer Pläne Kompromisse?
- Wie und bis wann wollen wir sie umsetzen?

Gemeinsame Pläne für die Zukunft sind unerlässlich für eine langfristig stabile Beziehung. Beraten Sie gemeinsam, welche Pläne Sie für die Zukunft haben und welche davon Sie gemeinsam umsetzen können. Sie dürfen natürlich immer auch ein wenig träumen, dennoch sollten Sie im Großen und Ganzen realistisch bleiben. Beantworten Sie dann zusammen die W-Fragen und lassen Sie den Plan so konkreter werden: Sie gießen ihn quasi in eine Form. Bei langfristigen Planungen müssen Sie zudem stets bedenken, dass sich in der Zwischenzeit viele äußere Einflüsse verändern können. Fassen Sie Ihre Pläne so, dass Sie im besten Fall nicht von anderen abhängig sind, sondern dass Sie beide aus eigener Kraft Ihre Ziele erreichen können, indem Sie sich persönlich weiterentwickeln – also nicht „Wenn meine Eltern irgendwann aus dem Haus ausziehen, ziehen wir dort ein und dann können wir eine Familie planen", sondern: „Unser Ziel ist es, eine gemeinsame Wohnung zu finden / ein Haus zu kaufen und dann eine Familie zu gründen." So sind Sie nicht abhängig von der Entscheidung der Eltern, vielleicht irgendwann einmal aus dem Haus auszuziehen, sondern bleiben in Ihren Plänen autark.

Übung: Schritte und Stolpersteine

Lassen Sie Ihre gemeinsamen Pläne konkret werden und bereiten Sie sich auf alle möglichen Eventualitäten vor. Nachdem Sie also einen gemeinsamen Plan gefasst haben, überlegen Sie im nächsten Schritt, was die Stolpersteine sein könnten, die Ihnen beim Beschreiten des Weges in die Quere kommen könnten. Sie planen also nicht zuerst den Weg (Wie komme ich an mein Ziel?), sondern Sie beginnen damit, über das Endziel (Was will ich eigentlich erreichen?) nachzudenken, erst dann rekonstruieren Sie den Weg, der zum Erreichen des Ziels beschritten werden muss.

Ein Beispiel: Ihr Ziel ist es am Ende, eine Immobilie zu besitzen und eine Familie zu gründen. Ihr Ziel ist also eine Immobilie, der Weg dahin sieht wie folgt aus: Sie müssen erst einmal ein wenig Geld verdienen und benötigen dazu einen Job mit einem entsprechenden Verdienst. Von diesem Verdienst können Sie dann wiederum einen gewissen Prozentsatz zurücklegen, den Sie als Startkapital in die Immobilie investieren, den Rest finanzieren Sie über einen Kredit, für den Sie ebenfalls Sicherheiten benötigen. Der erste Stolperstein ist also der Beruf – wenn Sie einen Job haben, bei dem Sie nicht entsprechend verdienen oder keine Sicherheiten haben, gerät Ihr Plan ins Wanken. Also sollten Sie als erstes Etappenziel ausrufen, dass Sie beide einen sicheren Job finden, um Ihre gemeinsame Zukunft in Angriff zu nehmen.

Auf der anderen Seite können Sie jederzeit auch das Spiel „Was, wenn nicht?“ spielen, also was, wenn Sie zum Beispiel keinen sicheren Job finden? Dann ist für Sie zwar momentan keine Immobilie finanzierbar, aber Sie können auf der anderen Seite vielleicht trotzdem eine Familie gründen. Auch in einer Mietwohnung kann man ein Kind großziehen und nur, weil Ihr Gehalt nicht ausreicht, um eine teure Immobilie zu kaufen, heißt das nicht, dass es auch nicht für Windeln, Nahrung und Spielzeug für Ihr Baby reicht. Behalten Sie also immer auch eine Alternative im Kopf, falls Ihr eigentlicher Plan nicht aufgehen sollte. Erarbeiten Sie gemeinsam als Paar Lösungen und sehen Sie einen „gescheiterten“ Plan nicht als Manko an, sondern als Möglichkeit, einen anderen Plan zu fassen, der möglicherweise besser für Sie beide funktioniert.

REFLEXION UND ENGAGEMENT FÜR DIE ZUKUNFT

Impulsfragen:

- Was kann ich besser / anders machen?
- Was kann der andere besser / anders machen?
- Was können wir beide tun, um unsere Beziehung bestmöglich zu gestalten?

Selbstreflexion ist in jeder Situation des Alltags hilfreich! Sie sollten daher unbedingt in sich selbst investieren, indem Sie bestimmte Übungen zur Selbstreflexion und zur Erlangung von Toleranz sich selbst und anderen gegenüber in Ihre täglichen Routinen einbauen; denn wie hat schon der berühmte Investor Warren Buffett gesagt: „Man sollte in sich selbst investieren, das ist die einzige Investition, die sich tausendfach auszahlt.“ Mit diesen folgenden fünf Übungen für Ihren Alltag können Sie Reflexion und Achtsamkeit erlernen:

Übungen: Selbstreflexion

- **Morgendliches Brainstorming:** Mit dieser Übung beginnen Sie den Tag bereits mit positiven Gedanken. Wenn Sie morgens aufwachen, gehen Ihnen meistens schon die ersten Gedanken durch den Kopf – schreiben Sie diese auf, unabhängig davon, ob Ihnen die Gedanken im ersten Moment sinnvoll oder zielführend erscheinen oder nicht. Es handelt sich um eine freie, assoziative Form des Brainstormings. Am Ende haben Sie einen oder mehrere Zettel mit Ihren Gedanken – die sogenannten Morgenseiten – gefüllt. Sie werden sehen, dass Sie durch diese Entleerung Ihrer Gedanken direkt am Morgen eine Menge über sich selbst lernen können, zum Beispiel, was Sie unmittelbar nach dem Aufstehen beschäftigt, also noch bevor Sie den Reizen Ihrer Umwelt, Ihres Arbeitsplatzes etc. ausgesetzt sind. Etablieren Sie das morgendliche Brainstorming und die Morgenseiten als eine Routine. Mehr als fünf bis zehn Minuten benötigen Sie hierzu meistens nicht.

- **Abendrituale etablieren:** Am Abend sollten Sie die oben erwähnten Reize des Tages verarbeiten. Dabei geraten viele Menschen ins Grübeln und es fällt ihnen schwer, das Erlebte zu sortieren und zu verarbeiten. Auch hierbei hilft es, die Gedanken aufzuschreiben, am besten machen Sie sich Notizen in Form eines Tagebuchs („Journals"). Stellen Sie dabei insbesondere die positiven Aspekte des vergangenen Tages hervor: Was lief gut? Welche positiven Erfahrungen haben Sie gemacht? Welche angenehmen, sozialen Begegnungen haben Ihren Tag bereichert? Wofür sind Sie dankbar? etc. Mit diesem Journaling stoppen Sie nicht nur das Grübeln, sondern sortieren auch Ihre Gedanken und gehen mit einem positiveren und aufgeräumteren Gefühl schlafen.

- **Meditieren:** Meditieren hilft Ihnen nachweislich bei der Entspannung Ihres Körpers und Ihres Geistes. Sie können die entsprechenden Übungen sowohl morgens als auch abends durchführen, wenn Sie die Gelegenheit dazu haben, geht es sogar während kurzer Arbeitspausen im Büro. Auf YouTube oder ähnlichen Plattformen finden Sie zahlreiche Tutorials und Schritt-für-Schritt-Anleitungen, die Ihnen die für Sie am besten geeignete Meditation näherbringen. Probieren Sie es aus und Sie werden sehen, dass auch Sie schon bald entspannter sind. Wichtig: Sorgen Sie für möglichst große Ruhe in Ihrer Umgebung. Auch wenn Sie kleine Kinder haben oder in einer unruhigen Großstadt wohnen, versuchen Sie, sich für die Meditation für einen kurzen Augenblick zurückzuziehen und größtmögliche Ruhe einkehren zu lassen. Zum Ende dieses Kapitels hin werden wir Ihnen noch ein paar Beispiele für eine gelungene Meditation aufzeigen.

- **Spaziergänge:** Auch Spaziergänge können ihre Wirkung entfalten, schließlich schätzten große Denker und Künstler wie Goethe, Schopenhauer oder Caspar David Friedrich das Spazierengehen in hohem Maße. Durch die Zufuhr von natürlichem Licht und Sauerstoff wird Ihr Körper angeregt, außerdem aktiviert das Laufen die Muskeln und den Bewegungsapparat, der insbesondere von Angestellten in Bürojobs meist viel zu wenig beansprucht wird. Verschließen Sie beim Spazierengehen niemals die Augen, sondern nehmen Sie die Welt um sich herum bewusst in sich auf, in diesem Modus erfahren Sie Resonanz mit Ihrer Umwelt. Schweifen Sie beim Spazierengehen unbesorgt mit Ihren Gedanken ab und geben Sie sich Ihren Eindrücken hin. Auf diese Weise können Sie von Ihrem Alltag abschalten und Ihren Körper und Geist herunterfahren.

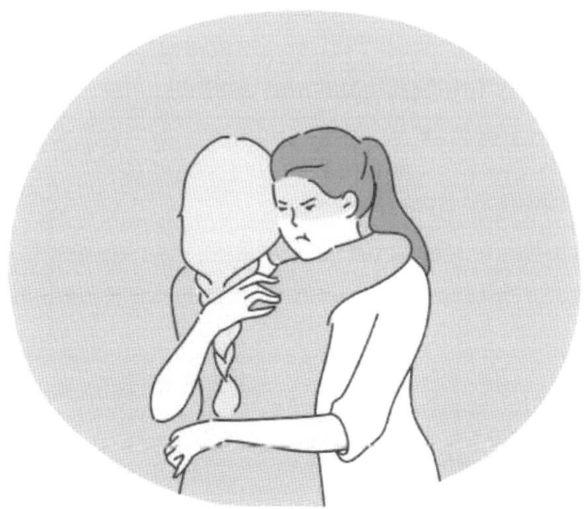

- **Selbstgespräche:** Selbstgespräche können Ihnen dabei helfen, Ihre Emotionen auszusprechen. Viele Menschen neigen dazu, ihre negativen Gefühle wie Wut, Trauer oder Enttäuschung in sich hineinzufressen, sie möchten mit niemandem über ihre Empfindungen sprechen oder haben niemanden in ihrem Umfeld, dem sie sich emotional anvertrauen möchten. Je länger Sie Ihre Gefühle jedoch unausgesprochen in sich arbeiten lassen, desto stärker potenzieren Sie sich, was im Falle negativer Gefühle zu einer Beeinträchtigung Ihres Gemütszustands führen kann. Wenn Sie also mit niemandem aus Ihrem Umfeld sprechen wollen, dann sprechen Sie mit sich selbst. Dieses Gespräch muss nicht hörbar sein. Sie können auch stumm mit sich reden, schließlich würden Sie vermutlich skeptische Blicke Ihrer Mitmenschen ernten, wenn Sie im Zug oder im Supermarkt plötzlich laut anfangen wurden, mit sich selbst zu sprechen. Versuchen Sie dennoch, Ihre Gedanken bewusst so zu formulieren, als würden Sie sich mit jemand anderem unterhalten – so, als müssten Sie Ihre Gefühle jemand anderem erklären.

Damit unterscheidet sich das Selbstgespräch vom inneren Monolog und vom Gedankenkarussell. Führen Sie also mit sich Selbstgespräche und ordnen Sie so Ihre Gedanken und Gefühle.

Zusatz: Beispielmeditationen

Es gibt verschiedene Meditationstechniken, manche davon dienen der größtmöglichen Entspannung, andere wiederum wirken aktivierend.

Übungen: Meditationen

- **Entspannungsmeditation:** Setzen Sie sich in einer bequemen und aufrechten Haltung (gerader Rücken) auf den Boden und schließen Sie die Augen. Blenden Sie alle Geräusche um sich herum aus und konzentrieren Sie sich ganz auf sich selbst. Konzentrieren Sie sich und atmen Sie dabei bewusst tief ein und aus. Spüren Sie, wie Ihr Körper den Sauerstoff aufnimmt und wieder abgibt. Sie sind ruhig und konzentriert.

  Stellen Sie sich vor, Sie wandern über eine grüne Wiese in den Bergen. Dort gibt es Blumen, Schmetterlinge und viel grünes Gras. Sie atmen den Duft der wilden Blumen und des noch leicht vom Morgentau befeuchteten Grases ein. Es ist ruhig, um Sie herum gibt es nur die Natur. Ihre Gedanken fokussieren sich auf die Natur, Sie denken an nichts anderes mehr – es gibt keine Ablenkung, nur den Moment.

Sie laufen weiter durch das Gras und entdecken, hinter einem kleinen Bergvorsprung, einen See. Das Wasser plätschert vor sich hin. Es ist kühl und klar. Sie hören das Plätschern des Wassers, Sie atmen weiter tief ein und aus und konzentrieren sich nur auf sich und die Natur, die Sie umgibt. Laufen Sie in Gedanken um den See herum, über die Wiese, und atmen Sie einfach weiter. Spüren Sie Ihre innere Mitte? Sie sind ganz bei sich. Es gibt keine negativen Gedanken, keine Ängste mehr. Alles ist gut, so wie es ist. Sie öffnen die Augen und sind wieder im Hier und Jetzt.

- **Atemmeditation:** Dabei konzentrieren Sie sich auf Ihren Atem und atmen bewusst nach dem Schema vier Sekunden einatmen, sechs Sekunden die Luft anhalten, acht Sekunden ausatmen. Diese Atmung senkt in stressigen Situationen automatisch die Herzfrequenz und sorgt für innere Ruhe und Ausgeglichenheit. Es gibt auch weitere Atem-Schemata, etwa die Quadratatmung (jeweils vier Sekunden einatmen, Luft anhalten, ausatmen, wieder Luft anhalten). Hier können Sie für sich herausfinden, welches Atem-Schema Ihnen am besten hilft, um zu entspannen.

• **Achtsamkeitsmeditation:** Auch hier nehmen Sie eine aufrechte Sitzhaltung ein, richten Ihre Achtsamkeit auf Gefühle, Gedanken und Empfindungen. Sie beobachten diese, ähnlich wie bei der Mauseloch-Methode. Sie sind nicht mehr Ihre Gedanken, sondern exponieren sich sozusagen und begeben sich in die Rolle des Beobachters. Sämtliche Gedanken und Gefühle sind Momentaufnahmen, was nun deutlich wird. Es ist kein Problem, diese loszulassen. Ursprünglich stammt die Achtsamkeitsmeditation aus dem Buddhismus. Probieren Sie auch diese Methode mehrfach, auch für sie braucht man ein wenig Erfahrung mit der Meditation. Sollte die Methode bei Ihnen effektiv wirken, werden Sie Ihre Gedanken und Gefühle wesentlich besser verstehen.

• **Dynamische Meditation:** Dies ist die anstrengendste und aktivste Form der Meditation. Lassen Sie Ihren Gefühlen einfach freien Lauf. Schreien Sie, weinen Sie, bewegen Sie sich; dies muss nicht geordnet stattfinden, wichtig ist nur, dass Sie Ihre Gefühle damit zum Ausdruck bringen. Die dynamische Meditation bezieht sich auf den Aspekt, den wir eingangs bereits besprochen haben, nämlich Emotionen und Gefühle zuzulassen und durch eine effektive Verarbeitung anschließend zu kontrollieren. Die dynamische Meditation kann dadurch äußerst befreiend wirken.

Mithilfe dieser Meditationstechniken gehen Sie entspannter und gelassener durch den Alltag und Entspannung und Gelassenheit haben auch noch keiner Beziehung geschadet. Mit all den erlernten Übungen und Techniken sind Sie nun gut gerüstet, um Ihre Beziehung gemeinsam auf ein neues Level von Zusammenhalt und Zuneigung zu heben.

Über die Welt der Beziehung und Partnerschaft

„Es muss von Herzen kommen, was auf Herzen wirken soll."
(Johann Wolfgang von Goethe)

Sie sind nun am Ende Ihrer Reise durch die Welt der Beziehungen und Partnerschaften angekommen, auf der Sie hoffentlich viele wertvolle Erkenntnisse gewinnen konnten. Sie haben die Grundlagen einer jeden Beziehung identifiziert und einige Tools kennengelernt, mit deren Hilfe Sie Ihre grundsätzliche Beziehungskonstellation besser einschätzen können. Zudem haben Sie den Faktor Kommunikation als häufiges Problem in einer Beziehung identifiziert und sich intensiv damit befasst, wie man die zwischenmenschliche Kommunikation in der Partnerschaft mit einfachen Übungen verbessern kann.

Ebenfalls haben Sie sich angesehen, wie man Intimität, sowohl körperlicher als auch emotionaler Natur, wieder steigert und wie beide Partner mehr Empathie füreinander entwickeln. Gerade Empathie und Intimität sind weitere fundamentale Eigenschaften, die jede gute Beziehung vereint. Auch hier haben Sie anhand praktischer

Übungen aufgezeigt bekommen, wie sich die Partnerschaft harmonischer und konfliktfreier gestalten lässt.
Ferner haben Sie den Worst Case besprochen, wenn es nämlich zu großen Konflikten innerhalb der Beziehung kommt. Diese stellen in der Regel eine Zerreißprobe für jede noch so gesunde Partnerschaft dar. Doch auch hier haben Sie einiges gelernt und wie in jedem Kapitel vor allem anhand zahlreicher Praxisbeispiele und Übungen erfahren, dass selbst ein Vertrauensbruch oder eine traumatische Belastung keinesfalls zum Bruch der Beziehung führen muss.

Zu guter Letzt haben Sie gelernt, wie Sie Ihre Beziehung nachhaltig gestalten und verhindern, dass dieselben Krisen immer und immer wieder auftreten. Somit sind Sie gut gewappnet für die Zukunft und es besteht keine Gefahr, dass Sie direkt in die nächste Beziehungskrise schlittern. Sollten Sie an dem einen oder anderen Punkt dennoch einen Konflikt bestreiten müssen – dies kommt in jeder, noch so gesunden Beziehung vor –, zögern Sie nicht, diesen Ratgeber noch einmal hervorzuholen.

Abschließend bleibt nur noch, Ihnen alles Gute für Sie und Ihre Partnerschaft zu wünschen. Mögen Sie noch lange zusammenbleiben und viele gemeinsame unvergessliche Abenteuer erleben. Und sollte es einmal eine weniger harmonische Phase geben, vergessen Sie bitte nicht, diesen Ratgeber zur Hand zu nehmen – Ihrer Partnerschaft zuliebe.

Alles Gute für Sie und bleiben Sie verliebt!

Quellenverzeichnis

- Ansorge, U., & Leder, H. (2017). *Wahrnehmung und Aufmerksamkeit.* Wiesbaden: Springer.
- Assmann, J. (1988). Kollektives Gedächtnis und kulturelle Identität. In J. Assman, & T. Hölscher, *Kultur und Gedächtnis* (S. 9-19). Frankfurt: Suhrkamp.
- Ayan, S. (15. September 2016). *Einfach machen, nicht denken.* Abgerufen am 25. Mai 2020 von zeit.de: zeit.de/wissen/gesundheit/2016-09/lockerlassen-steve-ayan-weniger-denken/komplettansicht
- Batra, A. (2013). *Verhaltenstherapie. Grundlagen, Methoden, Anwendungsbereiche.* Stuttgart: Thieme.
- Beck, A. T., & Harrison, R. (05. März 1982). Stress, neurochemical substrates, and depression: Concomitants are not necessarily cause. *The behavioral and brain science*, S. 101-102.
- Beck, J. S. (2013). *Praxis der Kognitiven Verhaltenstherapie.* Weinheim: Beltz.
- Bees, R. (2011). *Zenons Politeia.* Leiden: Brill.
- Berekoven, L., Eckert, W., & Ellenrieder, P. (2009). Kundenzufriedenheitsforschung. In L. Berekoven, W. Eckert, & P. Ellenrieder, *Marktforschung. Methodische Grundlagen und praktische Anwendung* (S. 293-300). Wiesbaden: Springer Fachmedien.
- Bohleber, W. (Heft 9-10 2000). Die Entwicklung der Traumatheorie in der Psychoanalyse. *Psyche. Zeitschrift für Psychoanalyse und Anwendung*, S. 797 839.

• Bourdieu, P. (1982). *Die feinen Unterschiede. Kritik der gesellschaftlichen Urteilskraft.* Frankfurt: Suhrkamp.

• Brandt, G., & Spangenberg, H. (20. September 2022). Karriere mit Kind. Wie wirkt sich frühe Mutterschaft auf das Erreichen von Führungspositionen bei Akademikerinnen aus? *KZfSS. Kölner Zeitschrift für Soziologie und Sozialpsychologie*, S. 303-327.

• Bühler, P. (51. Jahrgang. Nr. 6 2005). Die Verwirrung des Bewusstseins in sich. Sokrates und die Geschichte der Pädagogik. *Zeitschrift für Pädagogik*, S. 876-891.

• Bühler, P. (2012). *Negative Pädagogik. Sokrates und die Geschichte des Lernens.* Paderborn: Schöningh.

• Damásio, A. R. (2000). *Ich fühle, also bin ich. Die Entschlüsselung des Bewusstseins.* München: List Verlag.

• Demandt, A. (2018). *Marc Aurel. Der Kaiser und seine Welt.* München: C.H. Beck.

• Döring, K. (1998). Sokrates. In H. Flashar, *Grundriss der Geschichte der Philosophie* (S. 141-178). Basel: Schwabe.

• Gadamer, H.-G. (1960). *Wahrheit und Methode.* Tübingen: Mohr-Siebeck.

• Gilbert, D., & Malone, P. (117. Ausgabe 1995). The correspondence bias. *Psychological Bulletin*, S. 21-38.

• Goffman, E. (1959/2010). *Wir alle spielen Theater.* München: Piper.

• Guckes, B. (2004). *Zur Ethik der älteren Stoa. Psychoanalyse im interdisziplinären Dialog.* Göttingen: Vandenhoek & Ruprecht.

• Hansen, M. H. (2006). *Polis. An introduction to the Ancient Greek City State.* Oxford: Oxford University Press.

• Harris, T. A. (1976). *Ich bin o.k. Du bist o.k. Wie wir uns selbst besser verstehen und unsere Einstellungen ändern.* Hamburg: Rowohlt.

• Hautzinger, M., & Linden, M. (2008). *Verhaltenstherapiemanual.* Heidelberg: Springer Medizin Verlag.

• Heinzel, S. (2020). *Der Krieg in mir. Welche Spuren haben die Erfahrungen der Kriegsgeneration in uns hinterlassen?* Wiesbaden: Springer.

• Hellbrück, J. (16. April 2014). An Lärm kann man sich nicht gewöhnen. (J. Lubbadeh, Interviewer)

• Hershbell, J. P. (1996). Epiktet. In F. Ricken, *Philosophen der Antike II* (S. 184-198). Stuttgart: Kohlhammer.

• Huber, M. (2020). *Trauma und Traumabehandlung Teil 1 + 2.* Paderborn: Junfermann.

• Hügli, A. (2003). Aporie. In A. Hügli, & P. L. (Hrsg.), *Philosophielexikon. Personen und Begriffe der abendländischen Philosophie von der Antike bis zur Gegenwart.* Reinbek: Rowohlt.

• Hüther, G. (1997). *Biologie der Angst - wie aus Stress Gefühle werden.* Göttingen: Vandenhoek & Ruprecht.

• Joas, H. (1999). *Die Entstehung der Werte.* Frankfurt: Suhrkamp.

• Jorgensen, E. W. (1984). *Eric Berne, Master Gamesman: a Transactional Biography.* New York: Grove.

• Koentges, C. (2017). Sokratischer Dialog. In A. Wirtz, *Lexikon der Psychologie* (S. 1566). Bern: Hogrefe.

• Konnerth, T. (2010). *Menschliche Kommunikation verstehen. Die Transaktionsanalyse.* Lüneburg: GU.

• Plegger, M., Schade, C., Diefenbacher, A., & Burian, R. (2014). Akzeptanz- und Commitment Therapie (ACT). *Zeitschrift für klinische Psychologie und Psychotherapie*, S. 241-250.

• Rauwald, M. (2013). *Vererbte Wunden. Transgenerationale Weitergabe traumatischer Erfahrungen.* Weinheim: Beltz.

• Rosa, H. (2019). *Resonanz. Eine Soziologie der Weltbeziehung.* Frankfurt: Suhrkamp.

• Sachsse, U., Özkan, I., & Streeck-Fischer, A. (2004). *Traumatherapie. Was ist erfolgreich?* Göttingen: Vandenhoeck & Ruprecht.

• Watzlawick, P. (2016). *Man kann nicht nicht kommunizieren. Das Lesebuch, 2. Auflage.* Göttingen: Hogrefe.

• Weber, M. (1904/2012). *Die protestantische Ethik und der Geist des Kapitalismus.* Altenmünster: Verlag Jürgen Beck.

• Wenninger, G. (2000). Reaktionszeit. *Spektrum der Wissenschaft,* S. 12-21.

• Wilken, B. (2003). *Methoden der kognitiven Umstrukturierung. Ein Leitfaden für die psychotherapeutische Praxis.* Stuttgart: Kohlhammer.

• Winch, G. (2016). *Emotionale erste Hilfe. Wie wir mit seelischen Verwundungen im Alltag umgehen können.* Paderborn: Junfermann Verlag.

• Wöhrmann, K.-R. (1983). Über einen strukturellen Unterschied zwischen der Mäeutik des Sokrates und dem Sokratischen Gespräch nach Leonard Nelson. In D. Horster, & D. Krohn, *Vernunft, Ethik, Politik. Gustav Heckmann zum 85. Geburtstag* (S. 289-300). Hannover: SOAK.